AF314786

COURS ÉLÉMENTAIRE

D E

DROIT CIVIL.

PAR G. V. VASSELIN,

ANCIEN DOCTEUR EN DROIT DE LA FACULTÉ DE PARIS.

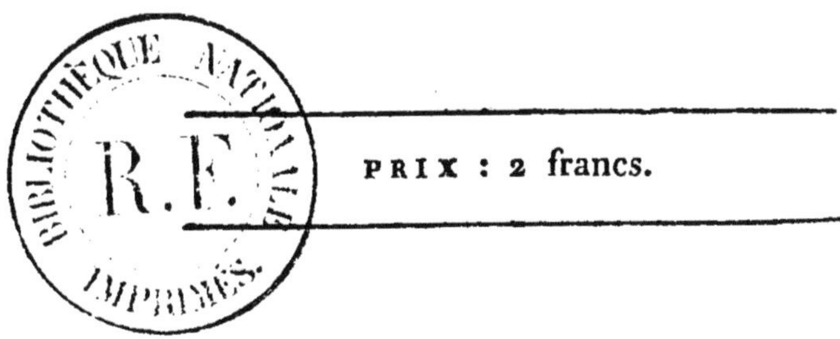

PRIX : 2 francs.

A PARIS,

DE L'IMPRIMERIE DE BRASSEUR.

AN IX. — 1801.

AVIS AUX ABONNÉS.

Lorsque je publiai le prospectus de ce Cours Élémentaire , je croyais ne donner que six cahiers de 96 pages chacun ; aussi n'annoncé-je que 36 à 40 feuilles d'impression. Mais l'abondance des matières m'a entraîné bien au-delà : les quatre premiers cahiers eux seuls m'ont fourni 40 feuilles.

Il me reste encore les plus importans sujets à traiter, qui me forcent à donner sept cahiers au lieu de six. Les deux derniers seront parfaitement conformes à celui-ci , distribués en douze leçons, composés de 8 à 10 feuilles d'impression , de manière que mes abonnés auront reçu 70 feuilles au lieu de 40.

D'après cette énorme augmentation de frais, je me trouve obligé de demander un supplément de 3 livres , et de 3 livres 15 sous par la poste.

Les abonnés voudront bien l'adresser , franc de port , à mon domicile , rue du Jardinet , nº. 3.

Nota. Une maladie grave , qui m'a retenu alité pendant six semaines , a retardé l'expédition du cinquième cahier. Les deux derniers paraîtront avec la même régularité que les quatre premiers.

COURS ÉLÉMENTAIRE

DE

DROIT CIVIL.

CINQUIÈME CAHIER.

PREMIÈRE LEÇON.

DES HYPOTHEQUES.

La loi du 11 brumaire an VII sur le régime hypothécaire a détruit de fond en comble le systéme de l'édit de 1771, et le projet du nouveau code civil abroge entièrement la loi du 11 brumaire.

Dans cette espèce de conflit, je dois m'attacher d'abord à la loi existante. Aussi commencerai-je par donner une exposition raisonnée de ses principes et de ses dispositions.

Une foule de commentaires ont paru sur cette loi : mais, entre tous, on doit distinguer l'ouvrage du C. Hua ; je dis l'ouvrage, car ce n'est heureusement pas un commentaire, mais un précis méthodique et vraiment élémentaire , qui ne laisse rien à desirer même à ceux qui , dès long-tems habitués au régime hypothécaire de l'édit de 1771 , doivent se familiariser plus difficilement avec le nouveau systême.

C'est de cet ouvrage que je vais donner l'analyse ; je suivrai sans nulle déviation la marche de l'auteur, et j'emprunterai souvent ses expressions, ainsi que j'ai fait pour tous les autres contrats que j'ai fidèlement extraits des ouvrages de Pothier : mon intention , dans ce cours élémentaire , étant moins de donner quelque chose de moi que de résumer , dans les meilleurs auteurs , les principes rudimentaux et incontestés de chaque matière.

Je pourrais me borner à cette analyse de la loi du 11 brumaire ; mais je ne crois pas inutile d'offrir un extrait des dérogations projetées par le nouveau code civil. Il suffira de se rappeler que cette loi n'existe encore qu'en projet.

PARAGRAPHE PREMIER.

De la nature de l'hypothèque.

L'hypothèque est un droit que le débiteur , et à son défaut , la justice , donne sur ses biens pour l'exécution des obligations par lui contractées.

Elle rend l'immeuble qui en est grevé caution du paiement de la dette , et forme , sous ce rapport , une seconde convention à une déjà préexistante.

De la spécialité de l'hypothèque.

Autrefois l'hypothèque se divisait en générale et en spéciale. Celle générale grevait tous les biens possédés par le débiteur au moment du contrat, et ceux qu'il pouvait acquérir, à quelque titre que ce fût, pendant l'existence de son obligation. La spéciale n'affectait que les immeubles désignés dans la convention.

Par la nouvelle loi, il ne peut plus y avoir que des hypothèques spéciales; c'est à dire, 1°. que l'acte constitutif d'hypothèque doit désigner nommément les biens qui doivent être grevés; 2°. que l'hypothèque ne peut ni ne doit frapper que sur les biens possédés par le débiteur au moment où ce droit prend naissance soit par l'acte conventionnel, soit par l'intervention de la loi, ou de l'autorité judiciaire.

Il y a cependant une exception pour les hypothèques purement légales. La loi (article IV) permet à ceux dont les créances jouissent de la faveur de l'hypothèque légale de la faire frapper sur tous les biens qui pourront advenir au débiteur, à quelque titre que ce soit.

Néanmoins, le sens de cet article n'est pas que le créancier puisse, par une seule et première inscription, atteindre tous les biens à venir du débiteur, mais seulement qu'il lui soit permis, à mesure que le débiteur acquerrera de nouveaux biens, de former sur chacune des inscriptions ultérieures, mais sans préjudice de celles antérieures à la sienne.

§ I I.

Des différentes espèces d'hypothèques.

On distingue trois espèces d'hypothèques : celle conventionnelle , celle judiciaire et celle légale.

De l'hypothèque conventionnelle.

L'hypothèque conventionnelle ne peut résulter que d'un acte notarié , et seulement encore du jour de sa transcription sur les registres publics. Toute stipulation par écrits privés serait insuffisante , parce que la véracité d'aucune ne peut être suffisamment constatée sans l'intervention d'un fonctionnaire public.

Peu importe , au surplus , que la convention soit pure et simple , ou soumise à des conditions qui en rendent l'évènement incertain , l'obligation subsiste , quoique subordonnée à une clause résolutive qui peut l'éteindre ; et cette existence suffit pour autoriser les précautions qui doivent assurer son acquit au moment où elle deviendra exigible.

Tout propriétaire peut donner hypothèque sur ses biens. Nous pouvons même hypothéquer les biens d'un tiers , lorsque l'administration nous en est confiée , et que l'intérêt de cette même administration l'exige. Il y a cependant quelques exceptions à cette règle.

La loi (article V) déclare que l'inscription faite dans les dix jours antérieurs à la faillite , banqueroute ou cessation publique de paiement d'un débiteur , ne confère point hypothèque. Un homme n'est plus alors considéré capable de disposer directement ni indirectement de ses biens ; ils sont le patrimoine de ses créanciers : sans cette précaution, les moyens introduits par la loi pour protéger et assurer les conventions deviendraient la source des fraudes.

Le même motif de décider milite pour les dettes d'une hérédité vacante, ou d'une succession acceptée sous bénéfice d'inventaire.

L'abdication, par les présomptifs héritiers d'un droit que la loi leur défère, forme la présomption, pour ne pas dire la preuve, de l'insolvabilité de la successio. Le curateur nommé par la justice, qui n'a que des pouvoirs très-limités, plutôt pour empêcher, que les biens restent sans propriétaire apparent que pour leur administration, n'est qu'un être de raison. Toujours étranger aux intérêts de la succession et des créanciers, son rôle, purement passif, ne lui permet de donner aucun consentement pour l'aliénation des biens, ni pour les hypothéquer. Lui accorder une pareille facilité serait le rendre dispensateur de l'actif, quand il n'en est mis que fictivement en possession. Il faciliterait, par une connivence coupable, à celui qui lui paierait sa complaisance, une priorité à laquelle tous les autres créanciers ont un droit égal.

Si la similitude ne paraît pas d'abord parfaite entre le cas d'une hérédité vacante, et celui d'une succession acceptée sous bénéfice d'inventaire, l'analogie est telle à l'égard des créanciers, qu'on ne saurait contredire l'application de la même décision. L'héritier, en s'imposant le soin de gérer la succession , fait présumer qu'il a l'espoir de trouver un actif suffisant non-seulement pour l'acquit total des dettes , mais aussi pour former un reliquat utile à son profit. Néanmoins, tant que la totalité des dettes n'est pas acquittée , il n'agit point pour lui, et n'est qu'un mandataire comptable de tous les créanciers. Ce caractère , loin de lui supposer le pouvoir d'avantager l'un d'entre eux , le rendrait responsable de tout préjudice qu'occasionnerait une préférence quelconque. Comme administrateur, il peut gérer ; mais la propriété n'est point disponible entre ses mains. .

En un mot , dans l'une et l'autre espèce , il y a faillite ouverte au moment du décès du débiteur , ou au moins cessation bien constante de paiement , et séquestration légale de l'actif. Cette circonstance seule s'oppose , d'après l'article précis de la loi , à ce qu'aucune nouvelle hypothèque puisse être acquise.

De l'hypothèque judiciaire.

L'hypothèque judiciaire appartient aux jugemens de tous les tribunaux. L'ordonnance de 1667 (titre XXXV , article XI) fixait le rang de cette hypothèque différemment pour ceux contradictoires, et pour ceux par défaut. Au moyen des nouvelles formes introduites pour la publicité des hypothèques, qui ne permettent plus de considérer la date du titre,

mais seulement celle de son inscription, la disposition de l'ordonnance ne servira que pour faire appré-
cier la validité des inscriptions requises en vertu de
pareils titres. Ainsi, celles fondées sur un jugement par
défaut seraient susceptibles de critique, dans le cas où
il n'aurait pas été signifié antérieurement. Il ne faut
pas, cependant, conclure de cette observation que
l'inscription hypothécaire ne puisse être requise, en
vertu d'un pareil jugement, qu'après l'expiration du
délai pendant lequel l'opposition à son exécution est
recevable. La loi laisse à cet égard beaucoup de lati-
tude en se bornant à autoriser (article III) les inscriptions pour *les créances résultantes d'une condamnation judiciaire :* elle n'exprime point si cette condamnation doit être exécutoire. Ces mots, pris dans leur sens
le plus étendu, n'établissent aucune différence entre
le jugement par défaut et celui contradictoire.

Le jugement susceptible d'autoriser l'inscription
doit être émané des personnes auxquelles ces fonc-
tions aient été expressément déléguées par la loi. On
ne peut comprendre dans cette classe les arbitres. Leurs
décisions deviennent obligatoires pour les citoyens
qui ont consenti de s'y soumettre; mais leur authen-
ticité ne dérive pas de ce consentement isolé; elles ne
prennent de force que par l'exécution que le tribunal
en ordonne.

Au nombre des jugemens susceptibles de conférer
hypothèque, se trouvent ceux portant reconnaissance
d'écrits privés, pour éviter les retards frauduleux d'un

débiteur. Cette reconnaissance doit être authentique ; il ne suffirait pas d'un simple aveu non constaté par jugement, puisque, sans cette dernière précaution, la déclaration est révocable et susceptible de varier.

De l'hypothèque légale.

La troisième espèce d'hypothèque est celle légale. Elle s'établit sans le concours de la volonté du débiteur, ni de l'autorité judiciaire, mais par la force seule de la loi, à raison de la faveur que méritent quelques créanciers.

1°. Par une suite de l'intérêt que le mariage inspire dans l'état de société, il acquiert à chacun des époux un droit d'hypothèque sur les biens de l'autre, pour raison de leurs conventions et droits matrimoniaux éventuels, qui ne seraient encore ni ouverts, ni déterminés.

Au nombre des créances éventuelles des époux, qu'il n'est point nécessaire de déterminer pour l'inscription, sont comprises les répétitions que la femme ou ses héritiers auront à exercer pour l'aliénation de ses biens personnels, et pour l'indemnité des créances auxquelles elle aura pu s'obliger conjointement avec son mari.

Quant aux sommes par elles apportées en mariage, et énoncées dans l'acte des conventions civiles, la quotité doit en être exprimée dans les bordereaux contenant réquisition d'inscription.

2°. Les droits des mineurs, des interdits et des absens contre leurs tuteurs et curateurs sollicitent aussi une protection plus spéciale de la part de l'autorité publique. Des dispositions positives du droit écrit accordaient à ceux-là, pour la restitution du reliquat de la gestion, une hypothèque à compter du jour où l'administration avait commencé. Nous retrouvons le même principe dans l'article XXI de la nouvelle loi. En autorisant les inscriptions indéfinies pour ce cas, elle n'a eu d'autre objet que de mettre les intérêts des administrés à l'abri de toute perte. Ce but ne serait pas atteint s'il n'existait d'hypothèque qu'autant que l'administration aurait été conférée par acte authentique. Diverses localités ne reconnaissent que les tutelles naturelles. Il n'y aurait donc pour ce cas aucune hypothèque, et dès lors aucune responsabilité ; les mineurs s'y trouveraient traités plus défavorablement que dans les lieux où la tutelle est dative. Aussi la loi ne fait-elle aucune distinction, et ses dispositions s'appliquent à toute espèce de tutelle.

3°. Il faut appliquer aux comptables des deniers publics ce qui vient d'être dit relativement aux tuteurs et curateurs. Les lois romaines accordaient le même privilège sur leurs biens, et un édit du mois d'août 1669 a renouvelé cette disposition. L'article XXI de la nouvelle loi l'étend aussi aux cautions de ces comptables, mais seulement par rapport aux biens formant la matière d'un cautionnement.

Dans l'ancien droit, les créanciers d'une succession

acceptée sous bénéfice d'inventaire , avaient hypothèque légale sur les biens personnels de l'héritier , à compter du jour de l'adition d'hérédité , pour raison de ce dont il se trouverait reliquataire. La nouvelle loi n'éteint point en leur faveur l'exception introduite contre les comptables publics , tuteurs et curateurs. Le créancier de la succession doit déterminer , par l'acte même d'inscription , les sommes pour lesquelles il entend conserver l'hypothèque ; cette obligation lui rendra impossible tout moyen de prendre rang du jour de l'adition d'hérédité. A cette époque , il ignore ce qui pourra être dû , et s'exposerait à voir ordonner la radiation des inscriptions qu'il aurait requises avant d'être en état de prouver que l'héritier retient à son profit personnel tout ou partie de l'actif formant le gage des créanciers.

Cependant , il ne faut point conclure que l'hypothèque légale est entièrement effacée ; lorsque des circonstances particulières formeront un préjugé contre la gestion de l'héritier , les tribunaux devront maintenir les inscriptions requises même avant l'apurement du compte. Ce sera au créancier à prendre toutes les précautions convenables pour déterminer , dans la proportion la plus approximative de la vérité , les sommes dont l'héritier peut être réputé comptable. Alors ce ne sera en effet qu'une hypothèque légale , puisqu'aucun acte ni jugement ne constaterait la créance.

§ I I I.

Du mode de constater l'hypothèque.

L'hypothèque ne doit être l'accessoire et le garant que d'une créance authentique, à l'abri de toute contradiction sérieuse. Comme convention, le consentement des parties la forme ; comme sûreté légale, l'autorité publique la supplée pour l'exécution d'un engagement retardé. Si l'exercice de ce droit n'avait son effet que relativement aux parties dénommées dans chaque contrat ou jugement, comme créancières et débitrices, sans doute aucun autre acte, aucune formalité subséquente ne deviendraient nécessaires. Mais ses conséquences influent trop directement sur le sort des transactions ultérieures pour être vues ainsi d'une manière isolée. La connaissance des charges grevant un immeuble, importe à quiconque voudrait traiter avec le propriétaire. Toujours la déclaration de celui-ci serait suspecte, et laisserait des inquiétudes, parce que son crédit semble augmenter en raison de la dissimulation qu'il apporte dans l'aveu de son actif. Un seul moyen se présente pour lever les doutes, il consiste à prescrire des formalités qui facilitent, à ceux qui pourraient avoir intérêt d'en être instruits, la vérification des droits hypothécaires. Tel est l'objet de la publicité des hypothèques.

Cette publicité consiste en ce que, 1°. l'hypothèque et les privilèges n'ont d'effet que par l'inscription sur

des registres à ce destinés (article II) ; 2°. que l'inscription doit déclarer la date du titre, le montant et
l'époque de l'exigibilité des capitaux et accessoires (article XVII.) Ces accessoires sont eux-mêmes déterminés dans l'article XIX : ils se trouvent restreints en
deux années d'intérêts ou d'arrérages. Lorsque, par
des circonstances particulières, le créancier aura laissé
arrérager plus de deux ans d'intérêts, s'il veut prendre
rang d'hypothèque pour ceux excédens, il devra requérir une nouvelle inscription qui procurera hypothèque, mais seulement à la date de cette formalité,
pour ette adition de créance.

Deux exceptions, néanmoins, ont été apposées par
la loi à la publicité des hypothèques.

La première concerne quelques privilèges qui ne
donnent jamais lieu à un prélèvement considérable.
Il est toujours facile d'en calculer le montant pour le
cas où il devrait s'exercer. En restreignant celui pour
la contribution foncière à deux années, y compris celle
courante, il est facile d'en faire l'évaluation, et le crédit
du propriétaire en souffre peu. Quant aux autres
créances énoncées dans l'article XI de la loi, tels que
les frais de scellés et inventaires, les frais de dernière
maladie et inhumation, une année d'arrérages, et ce
qu'il y a d'échu sur l'année courante des gages des domestiques, elles sont encore moins inquiétantes. Non-
seulement leur quotité ne saurait être considérable,
mais le prélèvement s'en fait d'abord sur le mobilier,
et le recours sur les immeubles n'est que subsidiaire.

La seconde exception est introduite au profit, 1º. de la nation sur les comptables de deniers publics, pour raison de leur gestion, et sur leurs cautions à l'égard des biens servant de cautionnement ; 2º. des mineurs, des interdits et des absens, sur leurs tuteurs, curateurs et administrateurs, aussi pour raison de leur gestion ; 3º. des époux pour raison de leurs conventions et droits matrimoniaux éventuels, qui ne seraient encore ni ouverts ni déterminés.

Dans la première espèce, il n'est besoin d'aucune inscription ; dans la seconde, elle se fait indéfiniment sans aucune désignation du montant des créances.

SECONDE LEÇON.

SUITE DES HYPOTHÈQUES.

§ IV.

Des biens susceptibles d'hypothèque.

L'HYPOTHÈQUE, comme garantie inaltérable d'une convention, ne doit s'exercer que sur les objets qui présentent l'expectative d'une durée au moins égale à celle de la créance.

Il suit de là que les meubles de toute espèce et les rentes de toute nature ne sont susceptibles d'aucune

(18)

hypothèque. En effet, l'aliénation des meubles est si facile et si prompte, que le créancier ne pourrait trouver en eux aucune sûreté réelle. C'est pourquoi ils ne peuvent être donnés qu'en nantissement. A l'égard des rentes, comme elles sont toutes mobilisées et racquittables, le gage pourrait, d'un moment à l'autre, échapper au créancier par le rachat auquel il n'a aucun droit de s'opposer.

Les propriétés foncières sont effectivement les seules susceptibles d'hypothèque. Elles offrent un degré d'immuabilité tranquillisante pour quiconque les accepte à titre de nantissement et caution.

Les parties inhérentes au sol forment avec lui un tout indivisible : aussi la bâtisse, élevée sur un terrein, accroît à la sûreté du créancier.

Non-seulement la bâtisse unie au sol par l'industrie est immeuble ; mais lorsqu'il a été fait pour l'exploitation d'un bâtiment, ou pour son amélioration, des objets d'embellissement, tels que les glaces posées dans le mur, ou incrustées dans une boiserie, sculptures en relief, tableaux, statues et ornemens de galeries, qui ne pourraient être enlevés sans dépréciation du surplus de la décoration, ces effets incorporés à la bâtisse deviennent parties intégrantes de l'immeuble, et en suivent le sort.

Les fourneaux, chaudières, et tous ustensiles tenant à fer et à cloux, destinés au travail d'une manufacture pour laquelle un bâtiment aurait été préparé, sont aussi des accessoires indivisibles de la propriété,

Il en est de même des poissons en étang, des lapins de garenne, des pigeons de grand colombier, et des fruits pendans encore par les racines.

On assimile aux immeubles l'usufruit des choses immobiliaires et l'emphytéose, parce que ces droits présentent l'expectative d'une durée suffisante, et que, d'ailleurs, l'usufruitier et l'emphythéote ont une propriété utile de la chose.

§ V.

Des personnes qui peuvent consentir hypothèque.

Le droit d'engager une chose en suppose la disponibilité dans les mains de celui qui veut donner un pareil consentement. Ce principe est surtout de rigueur dans l'affectation hypothécaire qui emporte, si ce n'est une aliénation actuelle, au moins dès à présent le droit en faveur du créancier de réaliser le gage par l'expropriation de la chose hypothéquée.

La capacité d'aliéner, et par conséquent d'hypothéquer, n'appartient point à tout propriétaire. Lorsque le propriétaire est incapable de donner un consentement libre et réfléchi, ses intérêts doivent être protégés par l'autorité publique. Ils sont confiés à un tiers qui n'agit que conformément aux pouvoirs qu'on lui délègue. Ainsi, un mineur, un interdit, un absent, sont représentés par leurs tuteurs ou curateurs; mais ceux-ci n'ont aucune capacité personnelle pour alié-

ner , ni hypothéquer. Ils sont soumis à certaines formalités que la foi leur prescrit.

D'autres n'ont qu'une incapacité purement relative ,
telles que les femmes mariées , qui ne contractent valablement que sous l'autorisation de leurs maris. Les
lois romaines leur laissent la libre disposition de tous
biens paraphernaux non constitués en dot ; mais une
déclaration de 1664, observée dans le ressort du ci-
devant parlement de Paris , leur en enlève la faculté.
Dans la plupart des autres lieux qui observent le droit
écrit , le mari peut aliéner les biens dotaux , pourvu
que l'évaluation en ait été faite lors des conventions
civiles du mariage. La femme n'a droit de se pourvoir
en revendication contre l'acquéreur qu'à défaut de sol-
vabilité de son mari pour en rembourser la valeur.

Quant aux héritiers bénéficiaires , l'usage de leur
propriété est soumise à des précautions nécessaires
pour éviter les fraudes et les dissimulations. Voyez ,
au surplus , ce qui a été dit paragraphe II.

Une dernière espèce d'incapacité , purement relative
aux biens communaux partagés , résulte de la prohi-
bition faite , par la loi du 10 juin 1793 , à ceux à qui
ils sont abandonnés , de les aliéner pendant les dix premières années de leur possession.

§. V I.

De l'effet de l'hypothèque.

Le créancier hypothécaire n'a point la propriété de

l'immeuble engagé, mais il peut en forcer l'aliénation pour obtenir à son profit, et à l'exclusion du propriétaire, la distribution du prix jusqu'à concurrence de ce qui lui est dû. Peu importe que l'immeuble soit resté dans les mains du débiteur, ou qu'il ait été aliéné. Sa transmission ne se serait opérée qu'avec les charges qui le grevaient, et la dette continuerait de subsister sur l'immeuble. (Articles XIV, XV et XXVIII.)

Point de difficulté ni d'action personnelle à diriger préalablement, lorsque l'immeuble n'a pas cessé d'appartenir à celui qui consentit l'hypothèque. Après le retard de paiement constaté, le créancier a droit de provoquer la vente du gage.

De même, en se reportant à la faculté réservée, sans aucune modification de suivre l'immeuble dans quelques mains qu'il se trouve, il est conséquent de conclure que les poursuites sur l'immeuble peuvent se diriger, indépendamment de toute condamnation directe contre le détenteur. La propriété ne lui est transmise qu'à la charge du paiement des dettes. Cette condition de l'acte de mise en possession rend toute autre obligation inutile, elle ne devra cesser qu'avec la possession.

Un autre caractère de l'hypothèque est de donner à celui, en faveur de qui elle existe, le droit de discuter simultanément tous les biens grevés et chacune de leurs portions. La loi romaine définit cette action en ces termes : *Tota in toto, et tota in quâlibet parte*. Quelque petite que soit la portion aliénée par le débiteur, le créancier a droit de la suivre. Sans cela, le gage se trouverait diminué, et la convention scindée.

Il doit être inutile d'observer que ces principes reçoivent leur application pour le cas où la dette se trouve par le décès du débiteur exister vis-à-vis de son héritier. Les biens ne lui sont transmis que sous les charges qui les grevaient déjà.

Ajoutons que, dans tous les cas de mutation de propriétaire, soit à raison de décès, soit par suite d'aliénation, l'inscription requise antérieurement, pour obtenir hypothèque sur des biens, continue à procurer son effet, sans avoir besoin de renouvellement; l'action réelle n'éprouve aucune altération par ce changement de possession.

Enfin, lorsque le droit de propriété de celui qui a consenti l'hypothèque est révocable, l'affectation n'est aussi que conditionnelle; elle ne dure qu'autant que la résolution du droit n'est pas opérée.

§ V I I.

Des privilèges.

Le privilège a été introduit en considération de la faveur que méritent certaines créances pour en assurer le paiement. Il consiste dans le droit d'être préféré, quoiqu'à une date postérieure, à tous autres créanciers, même hypothécaires. La loi n'exige pas, ainsi qu'elle le fait à l'égard des autres hypothèques, qu'il soit constaté par un acte notarié, ou par un jugement.

(23)

La loi du 11 brumaire reconnaît quatre espèces de privilèges :

1°. Celui du vendeur de l'immeuble aliéné, même par écrit, sous signatures privées. Mais, comme ce droit affecte la propriété et diminue dans les mains du possesseur la disponibilité de son crédit, la loi (article XIII et XXIX) le soumet aussi à l'inscription.

2°. Celui des frais de scellés et inventaires, de la contribution foncière pour l'année échue et la courante, des frais de dernière maladie et inhumation, et des gages de domestiques pour une année d'arrérages, et ce qu'il y a d'échu sur l'année courante. Cette espèce de privilèges n'a pas besoin d'inscription. Mais, excepté la contribution foncière, ils ne sont exercés sur les immeubles que subsidiairement, et en cas d'insuffisance du mobilier.

3°. Celui de la nation sur les biens des comptables publics. Dans les anciennes lois, la nation était colloquée sur les biens des comptables, immédiatement après le vendeur ou le subrogé à ses droits. Elle primait tous autres créanciers qui auraient eu une hypothèque antérieure même à l'entrée en exercice du comptable. Par la loi du 11 brumaire, la nation devra faire inscrire ses prétentions sur les biens du comptable avant qu'aucune autre ait rempli cette formalité. Si un créancier a été plus diligent, le rang de collocation est fixé irrévocablement, et l'inscription ultérieure, même au profit de la république, ne pourrait atténuer son droit acquis.

4°. Celui de bâtisse. Une jurisprudence, presque généralement adoptée jusqu'alors pour constater les ouvrages, est admise et prescrite par la nouvelle loi. Des procès-verbaux dressés par experts, que le juge de paix nomme d'office, attestent l'état de l'immeuble, et la nécessité ou l'utilité des travaux que le propriétaire se propose d'y faire, ainsi que leur confection.

Aussitôt que cette créance prend naissance, elle tend à grever la propriété. Il devient, sous ce rapport, indispensable de la rendre os'ensible. Aussi la nouvelle loi ordonne-t-elle (article III) l'inscription du procès-verbal qui constate les ouvrages à faire avant leur commencement, et que le privilège n'ait d'effet que par l'accomplissement de cette formalité. Il est pareillement prescrit de faire insérer le procès-verbal de réception des ouvrages, dans les deux mois de leur confection. Mais le privilège prend date du jour de l'inscription du premier procès-verbal.

Ce privilège de bâtisse ne s'applique qu'à la plus value, que l'immeuble a acquis par les travaux de l'entrepreneur. La quotité de cette plus value ne se détermine pas par la valeur matérielle et intrinsèque qu'avaient les ouvrages lors de leur confection, mais par celle qu'ils ont au jour de l'aliénation. Ainsi le veut l'article XII. Cette plus value, enfin, n'est pas celle intrinsèque de la bâtisse, mais celle intégrale dont la propriété se trouverait augmentée au moment de son aliénation. Aussi, d'après le même article, il n'y a de privilège que pour les impenses utiles, et à raison de l'amélioration de l'immeuble. D'après ce principe, si les constructions ont prévenu la destruction du sol, comme une digue élevée pour empêcher l'irruption des eaux, la cause de la créance est infiniment plus favorable qu'une simple augmentation de bâtisse, qui n'influe en rien sur la conservation du terrein. Les ouvriers acquièrent alors un droit de préférence sur la valeur même du sol, à l'exclusion de tout autre créancier.

§ V I I I.

Du mode de purger et consolider les expropriations. *

Les mutations de propriété doivent être vues, comme contrat civil, sous deux rapports essentiels à saisir, et dont l'ensemble peut seul maintenir la balance, si nécessaire dans l'état social, entre tous les intérêts des citoyens. Ces conventions se trouvent, à l'égard des parties qui les forment, complètes par le seul fait de leurs volontés respectives, et de simples règles d'équité naturelle suffiraient pour en déterminer l'effet ; mais l'influence qu'elles peuvent avoir sur les autres obligations déjà consenties, ou qui le seraient soit par l'ancien propriétaire, soit par le nouveau, exige des dispositions législatives propres à garantir celles-ci contre toute atteinte.

---

* Je ne parle pas du mode d'inscription des droits d'hypothèques et privilèges, et de la radiation des inscriptions : il n'y a sur ces deux chapitres que des textes de loi à citer. Je renverrai, en conséquence, aux articles XIV et XXV de la loi.

De là, naît une distinction nécessaire entre les droits d'un acquéreur ou donataire, et ceux des tiers qui n'ont pas stipulé dans le même acte. La loi du 11 brumaire s'est spécialement occupé de la conservation des droits de ces derniers.

Un des premiers effets de la mutation de propriété est de déposséder l'ancien propriétaire, et de l'empêcher de contracter dorénavant par rapport à cette propriété, soit en l'aliénant de nouveau, soit en l'hypothèquant. Toute convention postérieure de cette nature deviendrait un délit, que les lois qualifient *stellionat*. Cependant, si la fraude était commise, le préjudice qui en résulterait ne serait souvent réparé qu'imparfaitement. Le dernier contractant ne peut en être victime.

C'est pourquoi la loi veut que le propriétaire-vendeur ne soit plus comme autrefois déproprié par le seul acte authentique. La propriété n'est transmise à l'acquéreur que par la transcription de son contrat sur les registres publics. Jusques là le contrat n'existe qu'entre l'acquéreur et le vendeur, mais il demeure ignoré des tiers, et ne doit pas leur être opposé. Ainsi, toute vente, toute hypothèque, que l'ancien propriétaire consentirait avant cette transcription, greverait le bien qui est toujours censé lui appartenir, pourvu que le nouvel acte lui-même soit inscrit sur les registres des hypothèques avant celui de mutation.

Au surplus, dès l'instant que le nouveau propriétaire a fait transcrire son titre au bureau des hypothèques, il obtient, à l'égard de tous, les droits qu'avait son cédant. Il possède la propriété sous les conditions imposées par celui-ci, lorsque l'immeuble n'était grevé d'aucune dette, et, dans le cas contraire, à la charge de celles déjà existantes, sans aucune innovation par rapport à leur affectation sur l'immeuble. Ainsi, les créanciers continuent d'avoir le gage tel qu'il leur fut assuré pour en suivre la discussion à défaut de paiement.

Dans l'ancienne jurisprudence, l'acquéreur était tenu, s'il voulait purger les hypothèques, de rembourser toutes les créances, même non échues, auxquelles l'immeuble était hypothéqué. Par la loi du 11 brumaire, le nouveau propriétaire d'un immeuble subrogé au lieu et place du précédent, profite des délais que celui-ci avait, mais il est tenu de payer dans les mêmes termes. Ainsi, les droits de tous sont maintenus, avec réciprocité, dans toute leur intégrité.

Cette même loi, enfin, veillant toujours à l'intérêt des créanciers, a prévenu la collusion qui pourrait exister entre le vendeur et l'acquéreur, par l'aliénation de l'immeuble à vil prix. L'édit de 1771 sur les hypothèques autorisait les créanciers à surenchérir entre eux le bien qui leur avait été hypothéqué avant son aliénation. Cette forme trop resserrée, pour porter le prix à sa véritable valeur, se trouve avantageusement remplacée dans la nouvelle loi, par la vente publique du bien qu'un créancier croirait susceptible d'une plus value. Le concours des enchérisseurs s'augmente par

l'aptitude de tous les citoyens à se rendre adjudica-
taires. Une seule condition est imposée ; savoir : que
le créancier provoquant se soumette de faire porter le
bien au moins à un vingtième en sus de celui conventionnel.

Telle est l'exposition précise et fidelle des principes
et des dispositifs de la loi du 11 brumaire ; mais je dois
répéter encore que je n'ai été que l'analyste et même
le copiste du C. Hua. J'insiste sur cette observation,
parce qu'il serait possible que, lors de la discussion
publique du code civil, j'émisse une opinion absolument contraire à la loi du 11 brumaire.

Des principales dérogations proposées, par les auteurs
du projet de code civil, à la loi du 11 brumaire.

I. Quiconque s'est obligé personnellement est
tenu de remplir son engagement sur ses biens mobiliers et immobiliers, présens et à venir. (Art. premier.)

II. Les domestiques n'ont de privilège que pour leurs
six derniers mois de gages. (Article VIII , n°. 9.)

III. Les cohéritiers ont privilège sur les biens de la
succession pour la garantie des partages faits entre
eux et des soultes ou retours de lots. (Art. X , n°. 3.)

IV. Les ouvriers qui ont le privilège de bâtisse ne
sont tenus de faire recevoir leurs ouvrages que dans les
six mois de leur confection. (Article X, n°. 4.)

(29)

V. Les hypothèques, soit légales, soit judiciaires, soit conventionnelles, s'étendent sur tous les biens-immeubles, présens et futurs du débiteur. (Art. XIV.)

VI. La femme commune a sur les biens de son mari, du jour de son contrat de mariage, ou s'il n'y a pas de contrat, du jour de la célébration, une hypothèque légale pour toutes ses reprises et droits matrimoniaux, et même pour le remploi de ses propres aliénés, et pour l'indemnité des dettes auxquelles elle s'est exposée avec son mari, lors même qu'à cet égard il n'y a dans le contrat aucune convention.

La femme séparée de biens par son contrat de mariage a les mêmes hypothèques. Celle séparée par jugement n'a d'hypothèque que du jour de l'obligation ou de la vente pour le remploi de ses propres aliénés, et pour l'indemnité des dettes qu'elle a contractées avec son mari depuis leur séparation. (Article XIX.)

VII. Les mineurs et interdits ont hypothèque sur les biens de leurs tuteurs pour leur administration, à compter du jour de l'acte de tutelle. (Article XXIII.)

VIII. Les jugemens par défaut n'emportent hypothèque judiciaire que du jour de leur signification. (Article XXIX.)

IX. Il ne peut plus être créé d'hypothèque sur un immeuble par celui qui l'a aliéné postérieurement à l'aliénation faite par acte authentique. (Ar. XXXIX.)

X. L'acte authentique emporte hypothèque, du jour de sa date, sur tous les immeubles situés dans le territoire de la république et pays en dépendans, pourvu

qu'il soit passé dans le ressort où les notaires qui l'auront reçu sont immatriculés, quoique les contractans
n'aient pas leur demeure dans ce ressort. (Art. XLI.)

XI. L'hypothèque spéciale n'emporte pas de plus
grands droits que l'hypothèque générale, et n'y déroge
pas, ni l'hypothèque générale à la spéciale ; et le créancier n'est pas tenu de commencer par discuter l'immeuble soumis à l'hypothèque spéciale. (Ar. XLIII.)

XII. Les privilèges et hypothèques sont purgés par
les lettres de ratification.

Les lettres de ratification sont un acte émané du
tribunal dans le ressort duquel les immeubles aliénés
sont situés , et par lequel il ratifie les contrats d'aliénation en déclarant la propriété purgée de tous privilèges et hypothèques, à la charge de distribuer le
prix aux créanciers privilégiés et hypothécaires qui
ont fait en tems utile leur opposition au bureau des hypothèques. (Titre VII , article premier.)

XIII. Les oppositions au bureau des hypothèques ,
en conservation des privilèges et hypothèques, ne
durent que cinq ans. (Titre VII , article XIV.)

XIV. Le vendeur , sans qu'il soit tenu de former
opposition , est considéré comme opposant pour ce
qui lui est dû par le contrat de vente.

Il en est de même de l'acquéreur qui reçoit l'immeuble en paiement de sa créance personnelle , et de
ceux des créanciers dont le paiement a été indiqué ou
délégué dans l'acte de mutation. (Tit. VII , ar. XXI.)

XV. Les créanciers ne sont tenus d'énoncer dans

les oppositions ni les titres , ni le montant de leurs créances. (Titre VII , article XXVII.)

XVI. L'enchère ne peut être moindre que le dixième, et chaque surenchère moindre que le vingtième du prix principal porté au contrat , ou mis par l'acqué-reur. (Titre VII , article L.)

TROISIÈME LEÇON.

Du contrat de communauté entre époux.

PARAGRAPHE PREMIER.

De la communauté et de ses différentes espèces.

LA communauté entre conjoints , par mariage , est une espèce de société de biens qu'un homme et une femme contractent lorsqu'ils se marient.

Il y en a de deux espèces : celle légale , et celle conventionnelle.

La communauté , soit légale , soit conventionnelle, étant un effet civil du mariage , c'est une conséquence qu'elle ne peut être contractée que par des personnes capables de contracter ensemble un mariage civil. C'est pourquoi si l'une des parties qui ont contracté mariage ensemble , était alors privée de l'état civil par une condamnation à une peine capitale, ne pouvant y avoir eu de mariage civil, il n'y aura pas de communauté. A plus forte raison faut-il décider ainsi si le mariage, non-seulement n'est pas un mariage civil, mais est absolument nul.

§ I I.

De la communauté légale.

La communauté légale est celle qui a lieu entre des conjoints par mariage, suivant la loi du domicile qu'ils avaient lors de leur mariage, quand ils ne s'en sont pas expliqués.

Par nos nouvelles lois, la communauté légale est établie de droit dans toute la république, sauf dérogation formelle par le contrat de mariage.

§ I I I.

Des choses dont la communauté est composée en actif.

La communauté légale se compose en actif des meubles de chaque conjoint, de leurs conquêts communs, et des fruits de leurs propres.

Des meubles.

Par meubles, il faut entendre toute espèce de meubles, ceux corporels, ceux incorporels, ceux qu'avaient les conjoints lors du mariage, et ceux qui leur sont survenus depuis.

Nous ne suivrons pas Pothier dans sa longue discussion des caractères auxquels on doit reconnaître une chose mobiliaire corporelle. Nous avons épuisé cette matière dans la seconde leçon du premier cahier. Mais nous entrerons dans quelques détails sur les meubles corporels; et nous établirons quelques règles propres à déterminer la véritable espèce des choses mobiliaires incorporelles.

Des meubles incorporels.

Voici ces règles dans l'ordre même où Pothier les établit :

Première règle. — Les droits que nous avons à cause de quelqu'un de nos héritages sont censés ne faire qu'une seule et même chose , qu'un seul et même tout avec cet héritage , et sont droits immobiliers, qui ne tombent pas dans la communauté.

Seconde règle. — Les droits que nous avons dans un héritage , *jus in re ,* appartiennent aussi à la classe des immeubles , comme l'héritage qui en est le sujet.

Troisième règle. — Les droits de créance personnelle qui naissent de l'obligation qu'une personne a contractée envers nous de nous donner une chose , *jus ad rem ,* sont mobiliers ou immobiliers, suivant la nature de la chose dûe , qui fait l'objet du droit de créance , et dans laquelle ce droit de créance doit se fondre et se réaliser.

Quatrième règle. — Lorsqu'un héritage est dû avec

avec plusieurs choses mobiliaires , quoique ce soit l'héritage qui soit le principal objet de la créance , elle n'est néanmoins immobiliaire que par rapport à l'héritage. Elle est mobiliaire par rapport aux choses mobiliaires qui sont dûes, et conséquemment elle entre pour lesdites choses dans la communauté légale.

Cinquième règle. — Lorsque deux choses sont dûes sous une alternative , dont l'une est immeuble , et l'autre meuble , la qualité de la créance est en suspens jusqu'au paiement. Elle est censée avoir été immobiliaire, si c'est l'immeuble qui est payé; ou mobiliaire , si c'est le meuble.

Sixième règle. — Lorsqu'il n'y a qu'une chose dûe , quoique avec faculté accordée au débiteur de payer une autre chose à la place, c'est la nature de la chose dûe qui règle la qualité de la créance , et non celle de la chose qui a été payée à la place.

Septième règle. — La créance d'une somme d'argent ou autre chose mobiliaire , quoiqu'elle soit accompagnée d'un droit d'hypothèque même spéciale , sur quelque héritage du débiteur , ne laisse pas d'être un droit mobilier qui , comme tel, entre dans la communauté légale.

Huitième règle. — Pour juger si un droit de créance personnelle est mobilier ou immobilier , et s'il doit, en conséquence , entrer ou non dans la communauté légale, on ne considère que la chose qui en est l'objet , c'est à dire la chose due , sans aucun égard à la cause d'où le droit de créance procède.

Neuvième règle. — Toute rente étant mobilisée , tombe dans la communauté.

Exceptions au principe que toute espèce de meubles tombe dans la communauté.

Ce principe , néanmoins , qui fait entrer dans la communauté légale tous les meubles de chaque conjoint , souffre plusieurs exceptions :

1°. Toutes les choses , quoique meubles , qui proviennent à l'un des conjoints , durant le mariage , de son héritage , ou autre immeuble propre de communauté , sans en être des fruits , tels que des bois de haute-futaie , n'entrent point dans la communauté. Il en serait autrement si les arbres avaient été coupés avant le mariage.

2°. Les choses mobiliaires qui sont substituées , durant la communauté , à quelque propre de communauté de l'un des conjoints , sont pareillement des propres de communauté de ce conjoint. Il en est ainsi de la créance d'une somme d'argent dûe à l'un des conjoints pour le retour de partage d'une succession de biens-immeubles , partage que ce conjoint a fait durant la communauté avec ses cohéritiers.

3°. Les sommes d'argent et autres choses mobiliaires qui ont été données ou léguées à l'un des conjoints , soit avant , soit durant le mariage , n'entren t pas dans la communauté légale lorsqu'elles ont été données ou léguées avec la clause qu'elles seraient propres au donataire ou au légataire.

4°. Ce qu'un mineur, qui se marie *de suo* à en biens-meubles de plus que le tiers de l'universalité de tous ses biens, n'entre pas dans la communauté légale. Je dis *un mineur qui se marie de suo*, car, lorsque c'est son père, sa mère ou quelque autre qui lui donne une dot en argent ou en effets mobiliers, il est au pouvoir de celui qui donne la dot de la laisser entrer en entier dans la communauté de ce mineur, en ne faisant aucune convention de réalisation; car celui qui donne une chose est le maître de la donner de la manière et à telles conditions que bon lui semble. *Unicuique liberum est quem voluerit modum liberalitati suæ apponere.*

Des conquêts.

Les immeubles conquêts sont la seconde espèce de choses dont est composée la communauté légale. « Homme et femme (dit l'article CCXX de la cou-« tume de Paris) sont uns et communs en biens-meu-« bles, et conquêts-immeubles faits durant et cons-« tant le mariage. »

On entend par *conquêts* les héritages qui sont de la communauté, et par *propres* ceux qui n'en sont pas. Cette distinction va s'éclaircir par quelques exemples :

1°. Les héritages qui adviennent à l'un des conjoints à titre de succession, soit en ligne directe, soit en ligne collatérale, sont propres de communauté. Il en est ainsi, 1°. des immeubles donnés ou légués à un enfant par son père, sa mère, ou quelque autre parent de la ligne ascendante. Ils sont propres comme s'ils étaient échus à cet enfant par la succession de ces personnes. 2°. Des accommodemens de famille , par lesquels quelque héritage passe du père au fils. Si donc un père , durant le mariage de son fils , lui fait abandon d'un héritage , à la charge de payer ses dettes en total ou en partie , cet acte n'est pas regardé comme une vente faite pour le prix de la somme à laquelle montent les dettes , mais seulement comme un avancement de succession. 3°. Des immeubles d'une succession échus à l'un des conjoints , par le partage qu'il en a fait avec ses cohéritiers. Ils lui sont propres entièrement , et non pas seulement pour sa part héréditaire , quand même ils excéderaient cette part héréditaire , et seraient chargés d'un retour en deniers.

2°. Les acquêts de chacun des conjoints ne sont conquêts que lorsque le titre ou la cause de leur acquisition n'a pas précédé le tems de leur communauté. Par exemple : si j'ai commencé , avant mon mariage , de posséder sans titre un héritage , et dont je suis devenu propriétaire , durant la communauté , par la prescription , ma possession , qui est la cause de mon acquisition , étant antérieure à mon mariage , rend cet héritage propre de communauté.

3°. Les héritages donnés à l'un ou l'autre des conjoints , entre vifs ou par testament , sont conquêts , sauf en trois cas : 1°. lorsque la donation précède le tems du mariage , quoiqu'elle soit faite en faveur du mariage , et par le contrat de mariage ; 2°. lorsqu'elle est un avancement de succession , ou acte qui en tient lieu ; 3º. lorsqu'elle est faite à la charge que les choses données seront propres au donataire.

4º. Lorsque l'un des conjoints rentre, durant le mariage , dans un héritage par la rescision , la résolution ou la simple cessation de l'aliénation qu'il en a faite, il redevient propriétaire au même titre qu'il l'était lorsqu'il l'a aliéné. D'où il suit , 1º. que l'héritage , dans lequel le conjoint est rentré durant le mariage , n'entre dans la communauté que , s'il était conquêt lors de l'aliénation qui en a été faite durant le mariage ; 2º. que , lorsque l'héritage , dans lequel le conjoint est rentré durant le mariage , a été aliéné avant le mariage , il ne peut jamais être conquêt. En effet , le titre auquel il en était propriétaire lorsqu'il l'a aliéné , et qui revit , précédait nécessairement le mariage.

5º. Ce qui est uni par une union réelle à un héritage en suit la nature. C'est pourquoi ce qui est uni , quoique pendant le mariage , par une union réelle à un propre de communauté , est propre comme l'héritage auquel il est uni.

6º. Ce qui reste d'un héritage propre de communauté en conserve la qualité , aussi bien que les droits qu'on a retenus dans cet héritage , ou par rapport à cet héritage en l'aliénant.

7º. Les immeubles , quoique acquis durant la communauté , sont propres par la fiction de subrogation , lorsqu'ils ont été acquis à la place d'un propre de communauté , et pour en tenir lieu. On appelle fiction de

subrogation celle par laquelle une chose que j'ai acquise , à la place d'une autre aliénée , prend la qualité
de la chose aliénée à laquelle elle est subrogée.

8°. Un héritage dont on ne trouve pas le titre d'acquisition est , dans le doute , présumé conquêt , lorsqu'aucune des parties ne peut justifier qu'il lui ait
appartenu avant le mariage , et qu'il lui fût propre.

Des fruits des propres.

Les fruits des héritages et autres biens propres de
chacun des conjoints , qui sont perçus , nés et échus
durant la communauté , sont la troisième espèce de
choses qui tombent dans la communauté légale.

Toutes les charges du mariage grevant la communauté , il était juste de lui donner ces fruits pour les
supporter.

Peut-être dira-t-on que les fruits des propres étant
meubles , ils entrent en cette qualité dans la communauté, et qu'il est inutile de considérer en eux leur qualité de fruits , et d'en faire un troisième élément de l'actif de la communauté. Je réponds , avec Pothier , que
cette qualité de fruits n'est pas surabondante , et qu'elle
les fait entrer dans la communauté dans certains cas ,
auxquels leur seule qualité générale de meuble ne les y
ferait pas entrer. En effet , le principe que tous les biens-
meubles de chaque conjoint entrent dans la communauté , souffre exception à l'égard de ceux qui sont provenus de leurs propres durant la communauté , tels que

les bois de haute-futaie. Si donc les fruits perçus ou échus durant la communauté en composent l'actif, ce n'est pas comme meubles, mais comme fruits.

QUATRIÈME LEÇON.

SUITE DE LA COMMUNAUTÉ.

§ IV.

Du passif de la communauté.

LE passif de la communauté légale consiste principalement dans les dettes de chacun des conjoints dont cette communauté est chargée. Mais il faut distinguer entre les dettes contractées par les conjoints avant leur mariage, celles contractées durant le mariage, et celles des successions qui leur échoient pendant la communauté.

Des dettes que les conjoints ont contractées avant leur mariage.

La communauté légale est chargée de toutes les dettes mobiliaires dont chacun des conjoints était débiteur au tems que s'est contracté le mariage ; en raison de ce principe que les dettes mobiliaires d'une personne sont une charge de l'universalité de ses meubles.

Une dette est mobiliaire lorsque la chose dûe est mobiliaire. Telles sont les dettes d'une somme d'argent, d'une certaine quantité de bled, vin, draps, bois, et généralement de tout ce qui est meuble. Quelqu'un s'est-il obligé à faire ou ne pas faire quelque chose, sa dette est mobiliaire, car, faute par lui d'accomplir son obligation, il est condamné à des dommages et intérêts qui se résolvent en une somme d'argent.

Il y a cependant deux exceptions au principe que nous venons d'exposer :

La première concerne les dettes mobiliaires qui ont pour cause le prix d'un propre de communauté de l'un ou l'autre des conjoints. Si j'ai acheté, avant mon mariage un immeuble pour le prix de 10,000 fr., payable dans un certain tems, dont je suis encore débiteur lors de mon mariage, quoique cette dette soit une dette mobiliaire, puisqu'elle est la dette d'une somme d'argent, néanmoins la communauté n'en sera pas chargée. Mais il faut que je sois encore possesseur de l'immeuble lors de mon mariage. Autrement, si, dès avant mon mariage, j'avais revendu l'héritage pour lequel je suis débiteur d'une certaine somme, la communauté serait chargée de cette dette, comme de toutes mes autres dettes mobiliaires.

La seconde exception est relative aux dettes passives d'un corps certain qui, quoique mobilier, appartient à celui-là seul des conjoints qui en est débiteur. Par exemple : j'ai vendu à un marchand de bois, avant mon mariage, des arbres qui étaient encore sur pied lors de mon mariage. Cette dette est bien mobiliaire , je ne dois livrer les arbres qu'après que je les aurai fait séparer de mon sol. Néanmoins , ces arbres , quoique meubles , étant provenus d'un de mes propres durant mon mariage , n'entrent point dans la communauté , et j'en suis seul débiteur.

Il reste à observer à l'égard des dettes passives mobiliaires soit de l'homme , soit de la femme , qu'elles entrent dans la communauté légale , quand même elles excéderaient la valeur de l'actif mobilier , et même celle de tous les biens du conjoint qui en est débiteur. La femme peut s'en décharger en renonçant à la communauté ; mais le mari n'a pas cette ressource. A quelque somme que montent les dettes de la femme , il faut qu'il les paie. Delà cet axiôme : *Qui épouse la femme , épouse les dettes.*

A l'égard des dettes immobiliaires dont chacun des conjoints est débiteur lors du mariage, le conjoint qui en est débiteur , en est seul tenu , et la communauté n'en est pas chargée.

Il n'importe que la dette soit d'un immeuble certain et déterminé, ou d'un immeuble indéterminé. Pour exemple du dernier cas , mon père , qui n'avait point de vignes , a fait le legs suivant : *Je lègue à un tel un arpent de vignes dans les bons cantons de la province.* Ce legs , dont j'étais encore débiteur lorsque je me suis marié , est la dette d'un immeuble indéterminé, qui ne tombe pas dans la communauté. Si donc j'acquitte ce legs avec les deniers de la communauté , je devrai récompense. Il en serait autrement si le legs était ainsi conçu : *Je lègue à un tel de quoi acheter un arpent de vignes.* Ce n'est pas un arpent de vignes qui a été légué, mais la somme nécessaire pour l'acheter : dès lors, dette mobiliaire.

Des dettes que les conjoints contractent durant le mariage.

Le mari étant seul maître de la communauté, ayant le droit de disposer à son gré , tant pour sa part, que pour celle de sa femme, sans son consentement, même d'en perdre et dissiper les biens, c'est une conséquence que la communauté est tenue de toutes les dettes qu'il contracte durant le mariage et la communauté.

Il n'importe que la communauté en ait profité ou non ; il n'importe qu'il les ait contractées ou non pour les affaires de la communauté. Par exemple : si le mari, durant le mariage, s'est rendu caution de quelqu'un pour des affaires auxquelles il n'a aucun intérêt , et uniquement pour faire plaisir au débiteur son ami, quoique le cautionnement ne concerne point les affaires de la communauté , elle ne laissera pas d'être chargée de la dette qui résulte de ce cautionnement.

Il y a plus : lorsque le mari a commis un délit pendant le mariage , on ne peut pas dire, à la vérité , que sa femme, qui n'y a eu aucune part, soit censée l'avoir commis avec lui ; mais elle n'en est pas moins censée s'être obligée avec lui, en sa qualité de commune , à la réparation du délit pour sa part en la communauté.

Ce principe , cependant, que la communauté est chargée de toutes les dettes contractées par le mari, n'est pas si général qu'il ne souffre des exceptions. J'en remarquerai deux :

La première a lieu pour les dettes qui sont contractées par le mari pour des affaires qui concernent son seul intérêt, et dont il n'y a que lui qui profite. Si donc, durant ma communauté, je me suis obligé envers mon voisin à lui donner une certaine somme pour l'affranchissement d'un droit de servitude dont mon héritage était grevé envers le sien, ma communauté ne sera pas tenue de cette dette ; car cette affaire ne concerne que mon intérêt.

La seconde exception concerne les dettes contractées par le mari , durant la communauté , en faveur de quelqu'un des enfans qu'il avait d'un précédent mariage , ou même, lorsqu'il n'a pas d'enfans, en faveur de quelqu'un de ses héritiers présomptifs , dont ces personnes seules profitent ; car il ne peut pas plus avantager des biens de la communauté ces personnes , que lui-même , au préjudice de la part que doit y avoir sa femme.

Des dettes contractées par la femme durant la communauté.

Les dettes contractées par la femme pour les affaires de la communauté , y tombent de plein droit, lorsqu'elle a été autorisée par son mari. Il faut dire la même chose de celles qu'elle a contractées pour raison d'un commerce qu'elle exerce au su et au vu de son mari.

A l'égard des autres dettes que la femme a contractées sans l'approbation de son mari, quoiqu'elle les ait valablement contractées, s'étant fait, sur le refus de son mari, autoriser par justice ; la communauté n'est tenue que jusqu'à concurrence de ce qu'elle a profité de l'affaire qui est la cause de ces dettes.

Pour cet effet, le mari doit faire un inventaire de tout ce qui lui est parvenu à raison de ces dettes, et le représenter aux créanciers „ou en justifier par quelque acte équipollent, à peine, faute de l'avoir fait, d'être tenu indéfiniment envers lesdits créanciers.

Si la communauté n'a aucunement profité des dettes, elle n'est tenue de rien.

Par exemple : Si une femme, pendant son mariage, a commis un délit pour raison duquel elle ait été condamnée en quelque somme d'argent, soit pour amende, soit pour réparation, la communauté, qui n'a pas profité de ce délit, ne sera aucunement chargée de cette dette ; et comme tous les revenus des biens de la femme appartiennent à la communauté, le créancier ne pourra se faire payer sur les biens de la femme qu'après la dissolution de la communauté.

Des dettes des successions qui échoient à l'un ou l'autre des conjoints pendant la communauté.

Lorsque, durant la communauté, il est échu une

succession à l'un ou l'autre des conjoints, et que ce conjoint l'a acceptée, si toute cette succession consiste en mobilier, la communauté profitant, en ce cas, de la totalité de la succession, doit en supporter toutes les charges, et être tenue de toutes les dettes, tant des dettes mobiliaires que des rentes qui étaient dûes par le défunt.

Il y a néanmoins une différence entre le mari et la femme : lorsque le mari a accepté indiscrètement la succession d'un homme insolvable, et qui ne consistait qu'en mobilier, la communauté est tenue entièrement des dettes, quoiqu'elles excèdent de beaucoup l'actif dont elle a profité. Au contraire, lorsqu'une femme, sur le refus de son mari, a été autorisée par justice pour accepter une succession qui ne consistait pareillement qu'en mobilier, la communauté n'est tenue des dettes de cette succession que jusqu'à concurrence de l'actif dont elle a profité.

Dans l'espèce contraire, si la succession échue à l'un des conjoints, durant la communauté, n'est composée que d'immeubles, tout l'actif en ce cas étant propre au conjoint héritier, il doit être tenu de tout le passif, tant des dettes mobiliaires que des rentes. La communauté, qui ne succède à rien de l'actif, n'en doit être aucunement chargée, si ce n'est des arrérages et des intérêts qui courrent depuis l'ouverture de la succession jusqu'à la dissolution. Ces arrérages et ces intérêts, étant des charges des revenus de cette succession, doivent en effet incomber à la communauté qui profite des revenus.

Lorsque la succession qui échoit à l'un des conjoints est composée partie de meubles qui entrent dans la communauté, partie d'immeubles qui restent propres au conjoint héritier, la communauté est chargée de toutes les dettes mobiliaires, et le conjoint de toutes les dettes immobiliaires, sauf le cas où les dettes mobiliaires excéderaient l'actif du mobilier. Alors le conjoint héritier devrait récompense à la communauté, jusqu'à concurrence de ce qu'il profite des immeubles de la succession qui lui sont propres.

Des autres charges de la communauté légale.

Les autres charges de la communauté sont les alimens qu'elle doit fournir aux conjoints, et l'éducation des enfans communs.

A l'égard des alimens et des frais de l'éducation des enfans que chacun des conjoints a d'un précédent mariage, si lesdits enfans ont un revenu suffisant pour y subvenir, la communauté n'en doit pas être chargée ; ils doivent être pris sur ce revenu. Mais si les enfans n'ont pas de revenu, les alimens et l'éducation sont en ce cas une dette naturelle de leur père ou de leur mère, dont la communauté, dans laquelle entrent les dettes de chacun des conjoints, doit être grevée.

La communauté ayant, pendant tout le tems qu'elle dure, la jouissance des propres de chaque conjoint, c'est une conséquence que leur entretien tombe à sa charge. Les dépenses d'entretien comprennent toutes celles nécessaires à l'exploitation de l'héritage et à sa conservation. Il faut en excepter ce qu'on appelle grosses réparations , qui sont plutôt des constructions que des réparations. Les dépenses qui se font sur un héritage , non pour la simple jouissance , mais pour changer la forme en une meilleure , (comme dessécher une terre inculte , planter une terre nue en vignes ou en bois , en faire un pré ou une terre labourable) ne sont point des dépenses de simple entretien.

On doit aussi comprendre , parmi les charges de la communauté , les frais de l'inventaire qu'on doit faire, après sa dissolution , des effets dont elle est composée, et des titres qui en dépendent ; les frais de liquidation , des reprises que les conjoints ou leurs héritiers ont à exercer sur la communauté , ou des récompenses qu'ils lui doivent ; enfin , les frais de partage des biens de la communauté , et tous ceux qu'il faut faire pour y parvenir.

Les frais funéraires du conjoint , du prédécédé, ne sont point charges de la communauté ; sa succession en est tenue pour le tout. La raison est que ces frais ne se font qu'après la mort , tems auquel il n'y a plus de communauté. La somme qu'on adjuge à la veuve pour son habit de deuil fait partie des frais funéraires.

§ V.

De la communauté conventionnelle.

La communauté conventionnelle est celle qui est formée par la convention expresse des parties, portée en leur contrat de mariage.

Lorsque les parties, par leur contrat, ont simplement dit qu'il y aurait entre elles communauté de biens, sans s'expliquer davantage, cette communauté conventionnelle ne diffère en rien de celle légale. Mais les contrats de mariage sont susceptibles de renfermer une foule de clauses diverses, qui ne doivent jamais être sous entendues, mais qui, formellement stipulées, doivent être rigoureusement exécutées. Nous allons parcourir les principales.

§ V I.

De la convention d'apport à la communauté.

Une des clauses les plus ordinaires des contrats de mariage est que chaque conjoint promette d'apporter à la communauté une certaine somme déterminée : c'est ce que nous appelons *la convention d'apport*.

L'effet de cette convention est que le conjoint se rend débiteur, envers la communauté, de la somme qu'il a promis d'y apporter, de manière que, si lors de la dissolution de la communauté, elle n'est pas entièrement acquittée, il doit faire raison à la communauté de ce qui s'en manque. Mais il s'agit de savoir quelles choses sont imputables sur cet apport, comment on en justifie , et en quoi cette convention différencie la communauté conventionnelle de celle légale.

Quelles choses sont imputables sur la somme que le conjoint a promis d'apporter à la communauté.

Les choses qui s'imputent sur la somme que le conjoint a promis d'apporter à la communauté , sont tous les effets mobiliers que le conjoint peut justifier avoir eus lors de son mariage , lesquels, étant entrés dans la communauté , ont été reçus en paiement de la somme promise , et ont acquitté le conjoint jusqu'à concurrence.

Les dettes actives , qui appartiennent à chacun des conjoints lors du mariage , ne s'imputent sur la somme promise pour l'apport qu'autant qu'elles ont été payées durant la communauté ; car ce n'est que par le paiement qui en est fait que la communauté en profite. Sur quoi il faut observer une différence entre le mari et la femme : le mari , pour imputer sur son apport les dettes actives qu'il avait lors de son mariage , doit justifier de leur paiement durant la communauté, soit par des contre-quittances , soit par un journal non suspect. La femme n'a aucune preuve à faire : ses dettes sont censées payées pendant la communauté , toutes les fois que le mari , qui est chargé de leur recouvrement , ne justifie pas , par des diligences faites à tems contre les débiteurs , qu'il n'a pu en tirer aucun paiement.

Tout ce qui fait partie de la dot mobiliaire d'un conjoint , et qui est entré dans la communauté , s'impute sur son apport. C'est pourquoi si les père et mère de l'un des conjoints ont promis , par le contrat de mariage , outre la dot qu'ils donnaient , de nourrir chez eux , pendant un certain nombre d'années , les futurs conjoints et leurs domestiques , ces nourritures sont censées faire partie de la dot mobiliaire de ce conjoint , et conséquemment la communauté doit imputer sur son apport la somme à laquelle elles sont appréciées.

Les père et mère d'un conjoint lui donnent quelquefois en dot les fruits d'un certain héritage pendant un certain nombre d'années , et non l'héritage même. Ces fruits composent en ce cas le principal de la dot. Non-seulement la communauté qui les a recueillis doit les imputer sur l'apport du conjoint, de qui ils proviennent , mais s'ils excèdent la somme promise pour l'apport , l'excédant sera repris comme propre.

Comment le conjoint doit-il justifier qu'il a fourni son apport ?

C'est au conjoint, qui a promis d'apporter à la communauté une certaine somme , à justifier de la quantité de son mobilier qui y est entré.

Cette quantité de mobilier peut se justifier ,

1°. Par le contrat de mariage où elle est déclarée ;

car, bien que la communauté ne commence qu'au jour de la célébration du mariage, on présume qu'à cette dernière époque les conjoints avaient encore les meubles qu'ils avaient lors de leur contrat de mariage.

A cet égard, il est une différence à observer entre la femme et le mari : la déclaration faite par la femme de telle quantité de mobilier doit être quittancée par le mari. Quant au mari, entre les mains duquel, comme maître de la communauté, reste le mobilier qu'il a promis d'apporter, comme il ne peut se donner quittance à lui-même, sa seule déclaration suffit pour établir qu'il avait effectivement le mobilier qu'il annonce.

2°. Par un état fait entre les conjoints, même depuis leur mariage, et sous leur signature privée, qui en contienne le détail et la prisée. Il n'y a que les héritiers du conjoint prédécédé qui puissent attaquer cet acte comme avantage indirect; mais ils ne sont admis à la preuve de cette, fraude qu'autant qu'ils allèguent des faits majeurs, et extrêmement bien circonstanciés.

3°. Par des actes non suspects, faits avant ou peu après le mariage, quoique l'autre conjoint n'y ait pas été présent. Par exemple : un partage que le conjoint, avant ou peu après son mariage, a fait du mobilier des successions de ses père et mère, lequel contient et exprime la quantité du mobilier qui lui est échu pour son lot, prouve qu'effectivement ce conjoint avait, lors de son mariage, cette quantité de mobilier. Pareillement un compte de tutelle, rendu à un des conjoints avant ou peu après son mariage , fait foi de ce qui lui était dû lors de son mariage.

En quoi la convention d'apport d'une somme déterminée différencie-t-elle la communauté conventionnelle de celle légale ?

Nous observerons deux différences que la convention d'apport met entre l'une et l'autre communauté :

1°. La communauté légale acquiert , à titre universel , tout le mobilier de chacun des conjoints. Au contraire , par la convention d'apport , la communauté conventionnelle acquiert , à titre particulier , les effets de chacun des conjoints en paiement de la somme qu'il a promise , et seulement jusqu'à due concurrence de cette somme. S'il y a plus grande quantité de mobilier , cet excédant devient propre de communauté du conjoint , qui doit en avoir la reprise lors de la dissolution de la communauté.

2°. Chacun des conjoints ne s'oblige d'apporter en la communauté légale que les effets mobiliers qu'il a , et autant qu'ils sont à lui. C'est pourquoi , si la communauté souffre par la suite éviction de quelqu'un des effets mobiliers que ce conjoint avait lors du mariage , il n'est tenu en rien de cette éviction. Au contraire , par la convention d'apport d'une certaine somme , le conjoint se rend débiteur de cette somme envers la communauté conventionnelle. Si donc le prix de tous les effets mobiliers que ce conjoint avait lors du mariage, et qu'il a fait entrer dans la communauté, ne monte à cette somme, il demeure débiteur de ce qui s'en manque envers la communauté. Pareillement, si la communauté a souffert éviction de quelques-uns de ces mêmes effets mobiliers, le prix desdits effets ne pourra être imputé, ni venir en paiement de la somme promise par le conjoint pour son apport.

CINQUIÈME LEÇON.

SUITE DE LA COMMUNAUTÉ.

§ VII.

De la convention d'ameublissement.

LA convention d'ameublissement est celle par laquelle les parties, ou l'une d'elles, font entrer dans leur communauté conjugale tous leurs immeubles, ou quelques-uns d'eux.

Sur cette convention, nous allons examiner, 1º. quelles sont les différentes espèces d'ameublissemens ; 2º. si les mineurs sont capables de cette convention; 3º. quels sont les effets des ameublissemens, tant généraux que particuliers, de corps déterminés ; 4º. quels sont les effets des ameublissemens indéterminés.

Quelles sont les différentes espèces d'ameublissemens ?

Les ameublissemens se divisent d'abord en généraux et en particuliers.

C'est un ameublissement général lorsqu'on apporte à la communauté une universalité de biens-immeubles, comme, lorsqu'on dit par le contrat de mariage que les futurs conjoints seront communs en tous biens ; mais cette stipulation, étant de droit étroit, se restreint aux biens présens, et ne s'applique aux biens à venir qu'autant que les parties s'en sont expliquées.

Il y a encore ameublissement général lorsque les parties conviennent que les successions qui leur adviendront durant la communauté seront communes. En effet, cette convention renferme l'universalité des biens de cette succession, tant des meubles que des immeubles.

C'est un ameublissement particulier lorsqu'on promet d'apporter en communauté, non l'universalité de ses immeubles, mais quelques immeubles particuliers.

Cet ameublissement est ou déterminé ou indéterminé.

Il est déterminé lorsque, par le contrat de mariage, une partie promet d'apporter en communauté tel ou tel immeuble.

Mais lorsqu'il est dit que l'un des futurs conjoints apportera à la communauté ses biens-meubles ou immeubles , jusqu'à la concurrence de tant ; ou qu'il apportera une certaine somme à prendre d'abord sur ses meubles , et pour ce qui s'en manquerait sur ses immeubles, *lesquels , jusqu'à concurrence , sortiront nature de conquêts ;* ces clauses contiennent un ameublissement indéterminé.

Les mineurs sont-ils capables de la convention d'ameublissement ?

L'ameublissement tend à l'aliénation de l'immeuble ameubli. D'où il paraîtrait suivre que cette convention doit être interdite au mineur, qui n'a pas la disposition de ses immeubles.

Mais la jurisprudence a établi que , lorsqu'un mineur qui contracte mariage n'a pas en biens-meubles de quoi faire à la communauté un apport du tiers de ses biens , il peut , avec l'autorisation de son tuteur ou curateur , ameublir ses immeubles jusqu'à concurrence de ce qui manque au tiers. La raison est qu'étant de l'intérêt public que les mineurs se marient , on doit leur permettre toutes les conventions qui sont usitées dans les contrats de mariage.

Des effets des ameublissemens de corps déterminés.

Dans le cas d'un ameublissement général , aussitôt que le mariage est célébré, tous les héritages et autres immeubles de chacun des conjoints deviennent effets de communauté.

Il en est ainsi des immeubles déterminés qu'un des conjoints a promis d'apporter en communauté par ameublissement particulier.

De là nous conclurons, 1°. que les immeubles ameublis, devenant effets de la communauté, deviennent en même tems à ses risques, et que, si par la suite ils périssent ou sont détériorés, elle est seule chargée de la perte, et non le conjoint qui les a ameublis. 2°. Que le mari peut disposer par vente, donation, ou à quelque autre titre que ce soit, des héritages ameublis par sa femme, ainsi que de tous les autres effets de la communauté, sans avoir besoin de son consentement. 3°. Que les immeubles ameublis, par chacun des conjoints, doivent, après la dissolution de la communauté, être compris dans la masse du partage qui est à faire des biens de la communauté. Néanmoins, celui des conjoints qui a ameubli l'héritage peut le retenir, en le précomptant sur sa part, pour le prix qu'il vaut au tems du partage, et pour lequel il a été porté dans la masse, et en laissant l'autre partie prélever sur la masse d'autres effets pour pareille valeur.

De l'effet des ameublissemens indéterminés.

Lorsque l'ameublissement est indéterminé, tant qu'il demeure indéterminé, tant que les parties n'ont pas réglé entre elles lesquels des immeubles entreraient dans la communauté, aucun n'y est entré, et la communauté n'a qu'un simple droit de créance, une simple action contre le conjoint qui a fait l'ameublissement, pour l'obliger, lors de la dissolution de la communauté, à comprendre dans la masse des biens de la communauté, qui sont à partager, quelques-uns de ses immeubles, jusqu'à concurrence de la somme par lui promise. Le choix de ces immeubles lui est laissé ou à ses héritiers ; mais faute par lui, ou ses héritiers, de le faire dans un tems qui leur sera limité par le juge, ce choix doit être référé à l'autre conjoint, ou à ses héritiers.

De ce principe, il suit que, tant que l'ameublissement demeure indéterminé, si quelqu'un des immeubles ameublis vient à périr par force majeure, la perte en est supportée toute entière par le conjoint, et qu'il est obligé de parfournir la somme promise, avec ce qui lui reste des immeubles compris dans l'ameublissement indéterminé.

§ V I I I.

De la convention de réalisation, ou stipulation de propre.

La convention de réalisation est celle par laquelle les parties, ou l'une d'elles, excluent de la communauté conjugale qu'elles se proposent de contracter, leur mobilier, soit pour le total, soit pour partie.

Cette convention est expresse ou tacite.

Elle est expresse lorsque les parties ont stipulé, par

leur contrat de mariage, *que leur mobilier, ou le surplus de leurs biens, leur serait propre.* La clause par laquelle on stipule qu'une somme d'argent sera employée en achats d'héritages, est équivalente à la convention de réalisation.

La convention de réalisation se fait tacitement lorsque l'un des conjoints, ou quelqu'un pour lui, promet d'apporter à la communauté une certaine somme. La limitation, qui est faite de son apport à cette somme, renferme une réalisation tacite du surplus de ses biens mobiliers. Par exemple : lorsqu'il est dit par le contrat que le père de l'un des futurs conjoints lui donne en dot une somme de 30,000 francs, de laquelle il entrera en communauté 10,000 francs, le surplus est tacitement exclu de la communauté, comme s'il eût été stipulé propre.

Cette convention peut se faire non-seulement à l'égard du mobilier que les parties ont lorsqu'elles se marient, mais pareillement à l'égard de celui qui leur advient durant le mariage, à quelque titre que ce soit, succession, donation, legs, etc.

La stipulation de propre, étant de droit étroit, ne s'étend pas d'une chose à une autre. C'est pourquoi lorsque les futurs conjoints, après avoir apporté chacun une certaine somme à la communauté, ont stipulé que le surplus de leurs biens serait propre, cette clause ne comprend que les biens mobiliers qu'ils avaient alors ; elle ne s'étend pas à ceux qui leur adviennent depuis, durant le mariage , soit à titre de succession , soit à quelqu'autre titre.

On appelle *propres conventionnels* les effets mobiliers et autres objets que les conjoints réalisent ; mais il y a une différence notable entre ces propres conventionnels et les propres réels de communauté.

La communauté a seulement la jouissance des propres réels ; ils ne se confondent pas avec la communauté ; le conjoint à qui ils appartiennent continue, durant le mariage, d'en être seul propriétaire ; en conséquence, le mari ne peut aliéner ceux de sa femme sans son consentement.

Il en est tout autrement des mobiliers réalisés , ou propres conventionnels. Ils se confondent avec les autres biens mobiliers de la communauté, qui est seulement chargée d'en restituer , après sa dissolution, la valeur à celui des conjoints qui les a réalisés. La réalisation de ces meubles, et leur exclusion de communauté, ne consistent que dans une créance de reprise de leur valeur ; et c'est à cette créance de reprise que la qualité de propre conventionnel est attachée. Le conjoint n'est pas créancier *in specie* des meubles réalisés ; il ne l'est que de leur valeur. Cependant , s'il s'en trouvait quelques-uns en nature lors de la dissolution de la communauté , il aurait sur eux un privilège pour la créance de reprise , en les faisant reconnaître.

§ IX.

De la convention de séparation des dettes.

La convention de séparation de dettes est celle par laquelle les parties conviennent, par leur contrat de mariage, que leur communauté ne sera pas chargée des dettes que chacune d'elles a contractées avant le mariage.

Il suit de cette définition que les seules dettes comprises dans la séparation sont celles antérieures au mariage; ce qui s'applique non-seulement aux dettes dont chacun des conjoints était débiteur envers des tiers, mais à celles dont l'un des conjoints était débiteur envers l'autre. Exemple: si Pierre épouse Marie, qui était sa débitrice d'une somme de cinq cents francs; s'il n'y a ni réalisation de la créance de Pierre, ni séparation de dettes, cette dette entre dans la communauté tant en actif qu'en passif; et il s'en fait confusion et extinction entière. S'il y a séparation de dettes, il ne se fera pas de confusion de cette dette, si ce n'est lors de la dissolution de la communauté pour la moitié qu'auront dans la masse commune la femme ou ses héritiers, lesquels continueront d'être débiteurs de l'autre moitié envers le mari ou ses héritiers. Si la femme renonce à la communauté, elle continuera d'être débitrice du total.

Il suffit, au surplus, que les dettes aient été contractées avant le mariage. L'eussent-elles été sous une condition qui ne s'est accomplie que depuis le mariage, elles n'en sont pas moins comprises dans la convention de séparation. A plus forte raison doivent y être comprises celles contractées sans condition avant le mariage, quoique le terme de paiement ne soit arrivé que pendant le mariage.

Il en est de même des dettes qui n'ont été liquidées que depuis le mariage. Exemple : l'un des conjoints a été condamné, durant le mariage, en une certaine somme envers quelqu'un pour réparation civile d'un délit commis avant le mariage. Cette réparation adjugée par le jugement, quoique rendue durant le mariage, est comprise dans la convention de séparation ; car c'est une dette antérieure au mariage : la sentence n'a fait que la liquider ; elle a été contractée par le délit commis avant le mariage.

Autre exemple : Si, dès avant mon mariage, j'étais chargé d'une tutelle, ou de quelque autre administration publique ou particulière, que j'ai continuée depuis mon mariage, le reliquat de mon compte ne sera compris dans la séparation de dettes que pour raison des articles dont j'étais débiteur avant mon mariage. Mais ce que je dois pour raison de ce que j'ai reçu, ou par les fautes que j'ai commises depuis mon mariage, est une dette de communauté.

Cependant, quoique les dettes mobiliaires de chacun des conjoints, antérieures au mariage, soient, par la séparation de dettes, exclues de la communauté, les intérêts de ces dettes, ainsi que les arrérages des rentes soit perpétuelles, soit viagères, dûes par chacun des conjoints, quoique constituées avant le mariage, sont pour tout le tems qu'ils courront durant le mariage, des charges de la communauté. On considère, en effet, ces intérêts et ces arrérages comme des charges des revenus des biens de chaque conjoint.

L'effet de la séparation de dettes, à l'égard des conjoints entre eux, est que, si les dettes excluses de la communauté, ont été acquittées des deniers de la communauté, le conjoint débiteur ou ses héritiers en doivent récompense à la communauté lors de sa dissolution.

A l'égard des créanciers, cette convention ne peut empêcher les créanciers de la femme de demander au mari, durant la communauté, le paiement des dettes de la femme, quoique excluses de la communauté, à moins que le mari ne soit en état de leur représenter un inventaire des biens mobiliers de sa femme, qui lui sont parvenus, et de leur en compter.

La coutume exige deux choses du mari pour qu'il puisse se dispenser de payer les dettes de sa femme, antérieures au mariage, quoique excluses de la communauté par la convention de séparation de dettes.

1°. Il doit avoir fait inventaire des biens mobiliers que sa femme lui a apportés en mariage. Cet inventaire doit être fait par-devant notaires, ou, s'il l'a été sous signatures privées, il doit être reconnu, par acte notarié, avant la célébration de mariage. Lorsque le contrat de mariage contient par détail les biens mobiliers

(64)

qu'apporte la femme , il tient lieu de cet inventaire.
Le compte rendu à la femme , quoique depuis le mariage , peut équivaloir à l'inventaire lorsque le comptable a administré ses biens jusqu'au mariage.

2°. Sur la demande des créanciers , le mari doit leur
abandonner les effets compris en l'inventaire qu'il est
tenu de leur représenter. S'ils se trouvent en nature ,
les créanciers les prendront en paiement de leurs
créances. S'ils ne sont plus en nature , le mari doit
leur compter du prix qu'il en a reçu ou dû recevoir ,
et de l'emploi qu'il en a fait pour le paiement des
dettes de sa femme ; et s'il lui reste quelque chose du
prix desdits meubles , il doit le leur remettre.

§ X.

De la clause de franc et quitte.

La convention de franc et quitte est celle par laquelle les parens de l'un des futurs conjoints se font
fort envers l'autre qu'il n'a pas de dettes.

Ce sont ordinairement les parens du mari qui contractent cette obligation. Ils s'obligent par cette convention envers la femme , *in id quanti ejus interest ,* que
l'homme soit trouvé tel qu'ils l'ont assuré, c'est à
dire exempt de dettes, et , dans le cas où il ne se trouverait pas tel, à indemniser la femme du préjudice
que lui auraient causé les dettes de son mari , antérieures au mariage.

Le préjudice que ces dettes peuvent causer à la

femme consiste , 1°. en ce que, en cas d'insolvabilité de son mari , elle ne serait pas utilement colloquée sur ses biens , pour sa dot, son douaire et ses autres conventions matrimoniales, pour une aussi grande somme qu'elle l'eût été sans lesdites dettes ; 2°. en ce que sa part en la communauté eût été meilleure si elle n'eût pas été diminuée par ces dettes.

La clause de franc et quitte (à l'égard du mari) diffère de la séparation de dettes en deux points principaux :

1°. La convention de séparation de dettes intervient entre les deux futurs conjoints. La clause de franc et quitte est une convention qui n'intervient qu'entre la femme et les parens du mari. Il n'y a que les parens qui contractent une obligation envers la femme ; le mari n'en contracte aucune , et n'est pas censé partie à la convention.

2°. La convention de séparation de dettes concerne la communauté des biens , qui doit être entre les futurs conjoints. Elle a pour objet d'en exclure les dettes antérieures à leur mariage : chacun d'eux s'oblige réciproquement d'indemniser la communauté de ce qui en serait tiré pour payer ces dettes. La clause de franc et quitte , au contraire , ne concerne pas la communauté des biens qui , doit exister entre les futurs conjoints. Elle peut intervenir dans un contrat de mariage par lequel il y aurait exclusion de communauté , et lorsqu'il y a communauté , cette clause n'a pas pour objet d'exclure de la communauté les charges des dettes antérieures au mariage. Son seul but est que lesdites dettes n'empêchent pas la femme de pouvoir être payée sur les biens de son mari.

Lorsque ce sont les parens de la femme qui la déclarent franche et quitte, si la femme, par le contrat de mariage, avait fait à son mari donation, en cas de survie, d'une certaine somme à prendre sur ses biens, la clause pourrait s'entendre en ce sens: que les parens de la fille s'obligeraient d'indemniser de ce dont les créanciers de la femme, antérieurs au mariage, et plus utilement colloqués sur ses biens, auraient empêché qu'il n'en pût être payé sur lesdits biens de la somme comprise en la donation à lui faite. Mais, lorsque la femme n'a fait aucune donation à son mari, celui-ci, n'ayant à exercer aucune créance contre elle, ne peut avoir d'autre intérêt qu'elle soit franche et quitte, si ce n'est que les dettes de sa femme antérieures au mariage, ne diminuent pas sa communauté par les sommes qu'il en faudrait tirer pour les acquitter. Les parens s'obligent donc, par cette convention envers le mari, à payer, à la décharge de la communauté, toutes les dettes de la femme, antérieures au mariage.

Il reste à remarquer entre la convention de séparation de dettes et la clause par laquelle les parens de la femme la déclarent franche et quitte, une différence particulière.

La convention de séparation de dettes ne comprend que les sommes principales dûes par chacun des conjoints avant le mariage : elle n'empêche pas que la communauté ne soit chargée des intérêts desdites sommes, qui courront pendant le tems de sa durée, aussi bien que des arrérages des rentes dûes par chacun des conjoints, qui courront pendant ledit tems. Mais la clause par laquelle les parens de la femme l'ont déclarée franche et quitte, les oblige à acquitter la communauté, même des intérêts des sommes dûes par la femme avant le mariage, courus pendant le tems de sa durée, ainsi que des arrérages des rentes, courus pendant ledit tems.

SIXIÈME LEÇON.

SUITE DE LA COMMUNAUTÉ.

§ X I.

De la clause de la reprise de l'apport de la femme, en cas de renonciation à la communauté.

La convention de reprise d'apport est celle par laquelle la femme stipule qu'elle pourra, lors de la dissolution de communauté, en y renonçant, reprendre franchement et quittement ce qu'elle y a mis.

Quand y a-t-il ouverture à cette convention ?

C'est la dissolution de communauté qui donne ouverture au droit qui résulte de cette convention. Aussitôt que la dissolution de communauté est arrivée du vivant de la femme, *puta* par la mort du mari, le droit est acquis à la femme, et devient dès lors un droit formé, qui fait partie des biens de la femme, dont elle peut disposer, et qu'elle transmet dans sa succession.

Il n'est pas nécessaire, pour que ce droit soit ouvert, d'attendre que la femme ait renoncé à la communauté, La renonciation à la communauté n'est pas apposée, dans cette convention, comme une condition qui en doive suspendre l'ouverture, c'est seulement la charge sous laquelle la femme doit user du droit que cette convention lui donne de reprendre franchement et quittement ce qu'elle a apporté à la communauté. Elle ne peut le reprendre qu'à la charge de renoncer au surplus ; mais dès avant qu'elle ait renoncé à la communauté, elle est en possession de son droit ; et si elle meurt avant d'avoir pris qualité, elle transmet à ses héritiers ce droit tel qu'elle l'avait.

Au profit de qui ce droit est-il ouvert ?

Quoique ce soit un principe général pour toutes les conventions que nous sommes censés avoir stipulé pour nos héritiers tout ce que nous avons stipulé pour nous, néanmoins, on déroge à ce principe dans cette convention, qui est de droit très-étroit. Lorsqu'une femme a stipulé, qu'arrivant la dissolution de communauté, elle pourrait, en y renonçant, reprendre fran-

chement et quittement son apport, elle est censée n'a-
voir stipulé que pour elle, et non pour ses héritiers,
s'ils ne sont pas expressément compris dans la convention, soit en les y nommant, soit en s'expliquant de
manière qu'on ne puisse douter de la volonté que les
parties ont eue de les y comprendre.

En conséquence, lorsqu'il est dit simplement que la
future, en renonçant à la communauté, reprendra
franchement ce qu'elle y a apporté, si la communauté vient à se dissoudre par le prédécès de la femme,
ses héritiers ne pourront pas exercer la reprise, et, en
renonçant à la communauté, ils y laisseront tout ce
qui a été apporté par la femme, sans qu'ils puissent
reprendre autre chose que ce qui a été réservé propre.

Pour que la femme puisse, par son prédécès, rendre
transmissible à ses héritiers le droit qu'elle a stipulé
par cette convention, il faut qu'elle ait désigné leur
qualité, d'enfans, d'ascendans, de collatéraux. Lorsqu'au jour du prédécès, les héritiers se trouvent de la
même qualité que ceux compris en la convention, ils
peuvent exercer le droit de reprise, comme la femme
l'eût exercé elle-même, s'il se fût ouvert de son vivant
par le prédécès du mari, ou par une séparation. Mais
si la femme n'a laissé que des héritiers qui ne sont pas
de la qualité de ceux compris dans la convention,
ceux-ci ne succèdent pas au droit de reprise, et la convention devient caduque.

Il en serait autrement si la convention était conçue
en ces termes : *La future et ses héritiers collatérai.x*

pourront , en renonçant à la communauté , reprendre ce qu'elle y a apporté. On doit alors entendre la clause comme s'il y avait *et ses héritiers même collatéraux* , et regarder en conséquence les enfans comme compris dans la convention ; car il ne peut tomber sous le sens que ce que les parties ont bien voulu accorder à tous les héritiers collatéraux de la femme , elles l'aient refusé à leurs propres enfans , qui leur sont infiniment plus chers.

Par qui l'action de reprise peut-elle être exercée?

Lorsque cette convention est ouverte au profit de la femme , par le prédécès de son mari , ou par une séparation , l'action qui en résulte contre le mari , ou ses héritiers , peut être exercée non-seulement par la femme , mais par toutes les personnes qui ont succédé à ses droits , ou ont qualité pour les exercer.

En effet , ce droit n'est personnel à la femme qu'en ce sens , qu'il ne peut être ouvert qu'au profit d'elle seule , par la dissolution de la communauté arrivée de son vivant , et que la dissolution ayant lieu par son prédécès , il ne peut y avoir ouverture au profit des héritiers , s'ils ne sont eux-mêmes formellement compris dans la convention. Mais dès qu'une fois le droit est ouvert au profit de la femme , il lui est acquis en pleine propriété, et elle le transmet à ses héritiers comme ses autres biens.

Par la même raison , les créanciers de la femme

doivent être reçus à exercer pour elle l'action qui naît de ce droit de reprise. Il y a plus : quand même la femme, au profit de qui le droit est ouvert, aurait, en fraude de ses créanciers, et pour favoriser ses enfans débiteurs de cette somme, accepté une communauté mauvaise, et serait par là privée de son droit, qui ne lui est accordé qu'en renonçant à la communauté, les créanciers de la femme devraient, en faisant déclarer nulle et frauduleuse l'acceptation que leur débitrice a faite de la communauté, être admis à y renoncer pour elle, et à exercer l'action de reprise. C'est une suite de ce principe de notre jurisprudence qu'un débiteur ne peut, en fraude de ses créanciers, se désister des droits qui lui sont acquis.

Quelles choses sont l'objet de cette convention?

Cette convention, étant de droit étroit, doit être rigoureusement renfermée dans les bornes des termes dans lesquels elle est conçue, et elle ne peut être étendue d'une chose à une autre.

C'est pourquoi lorsqu'il, est dit simplement que la femme, en renonçant à la communauté, reprendra ce qu'elle a apporté, la convention ne renferme que ce qu'elle avait en se mariant ; elle ne s'étend pas à ce qu'elle y a fait entrer depuis par les successions ou donations qui lui sont avenues durant le mariage. Lorsqu'on veut que la femme ait la reprise de ces choses, on ne se contente pas de dire qu'elle reprendra ce qu'elle a apporté , on ajoute ces termes : *Et tout ce qu'elle y aura fait entrer depuis pendant le mariage ;* ou ceux-ci : *Et tout ce qui y sera entré à cause d'elle.*

Assez souvent la femme qui stipule sa reprise d'apport ajoute que ce sera sous la déduction d'une certaine somme que le mari pourra retenir pour les frais de nôces. Ce droit du mari passe à ses héritiers. En effet, les héritiers ne peuvent , en cette qualité, être débiteurs de plus que ne devait le défunt. Or, le mari n'était pas débiteur de la reprise de tout l'apport , mais seulement sous la déduction d'une certaine somme ; ses héritiers ne sont donc tenus que sous la même condition.

La reprise des effets mobiliers que la femme a apportés , ou fait entrer dans la communauté, ne se fait pas en nature. Le mari , ou ses héritiers, sont, pour cette reprise , débiteurs de la somme que lesdits effets valaient lorsque la femme les a apportés, ou fait entrer en la communauté. On suit à cet égard l'estimation qui en a été faite à cette époque. La femme, ou ses héritiers , ont seulement sur ces effets, lorsqu'ils se trouvent en nature lors de la dissolution de communauté, un privilège sur tous les autres créanciers du mari. Le mari , au surplus , est débiteur non-seulement de ce qu'il a reçu , mais de tout ce qu'il a dû recevoir, à moins qu'il n'établisse , par le rapport des diligences par lui faites contre les débiteurs , qu'il n'a pas été en son pouvoir d'en être payé.

Nous terminerons ce paragraphe par l'application de

ce principe : qu'il n'y a d'actif que sous la déduction du passif, *bona non intelliguntur nisi deducto œre alieno*. La femme, en apportant à la communauté l'universalité de ses biens mobiliers, n'y a apporté d'effectif que ce qui reste déduction faite de ses dettes mobiliaires ; elle ne doit donc les reprendre que sous la déduction desdites dettes : autrement elle reprendrait plus qu'elle n'a apporté.

§ X I I.

De la convention de préciput.

C'est une convention très-ordinaire dans les contrats de mariage que le futur époux, en cas de survie, aura, dans les biens de la communauté, par préciput, *ses habits et linges à son usage, et ses armes et ses chevaux*, si c'est un homme de guerre, ou *ses livres*, si c'est un homme de lettres, ou *ses outils*, si c'est un artisan. A l'égard de la femme, on stipule que la future épouse aura pareillement, en cas de survie, ses habits, bagues et joyaux.

S'il était dit seulement *ses habits*, les bagues et joyaux n'y seraient pas compris, *et vice versâ*.

Ces termes, *ses habits*, comprennent tout ce qui sert à couvrir le corps. Le terme *joyaux*, qui répond au terme latin *ornamenta*, comprend ce qui sert à orner et parer une femme plutôt qu'à la couvrir ; c'est à dire, les pendans d'oreille, les bracelets, bagues, anneaux, colliers, et tous ornemens de tête. La montre, l'éventail, la tabatière, l'étui, sont aussi compris dans e terme *joyaux ;* et, en cela , notre terme *joyaux* a un peu plus d'étendue que le mot latin *ornamenta.*

On n'y comprend pas la toilette et tout ce qui en dépend. Tout cela appartient plutôt à un autre genre, que les jurisconsultes appelaient *mundus muliebris.* Mais si , à ces termes, *ses habits , bagues et joyaux,* on avait ajouté ceux-ci : *et généralement ce qui se trouvera servir à l'usage de la personne de la future épouse,* la toilette et tout ce qui en dépend serait compris sous la généralité de ces termes.

La convention de préciput se fait ou en nature ou en argent : en nature, lorsqu'il est dit *reprendra ses habits, armes et chevaux;* en argent, lorsqu'il est dit : *prélevera une somme de tant.* Si le préciput en nature est limité, il faut se restreindre dans les termes du contrat. Lorsqu'il est illimité, il consiste dans toutes les choses de ces espèces qui se trouvent dans la communauté lors de sa dissolution, en quelque nombre qu'elles soient, et à quelque prix qu'elles montent, pourvu, néanmoins, que ce prix ne soit pas excessif, eu égard à l'état et aux facultés des parties.

Est-il besoin d'observer que le préciput n'étant stipulé qu'en cas de survie, il ne peut y avoir ouverture à ce droit au profit de l'un des conjoints que par le prédécès de l'autre?

§ X I I I.

De la convention par laquelle on assigne à chacun des conjoints, ou à ses héritiers, des parts inégales au partage des biens de la communauté.

En principe général, les conjoints sont communs chacun par moitié, et lors de la dissolution de communauté, eux ou leurs héritiers partagent les biens par portions égales, et non par portions proportionnées à ce que chacun d'eux a apporté. Néanmoins, on peut convenir, par le contrat de mariage, qu'il y aurait des parts inégales ; par exemple, que la femme sera commune pour un tiers, un quart, et qu'en conséquence le mari, au partage de la communauté, aura les deux tiers ou les trois quarts.

On peut pareillement convenir qu'arrivant la dissolution de la communauté par le prédécès de l'un des conjoints, les héritiers du prédécédé n'auront que le tiers ou le quart, ou quelque portion moindre, et que le survivant aura le surplus.

Mais, dans le cas de ces conventions, chacun doit supporter la même part dans les dettes de la communauté que celle qui lui est assignée dans le partage de l'actif. On ne pourrait pas convenir que l'un des conjoints n'aurait qu'un quart dans les biens de la communauté, et participerait à la moitié des dettes : l'équité repousse une pareille stipulation.

§ X I V.

Du forfait de communauté.

Il peut encore être convenu, par contrat de mariage, que les héritiers de la femme auront pour tout droit de communauté une certaine somme. Cette clause comprend tous les héritiers, tant les enfans que les héritiers collatéraux.

Le mari qui, en conséquence de cette clause, demeure propriétaire de tous les biens de la communauté, à la charge de donner aux héritiers de la femme la somme portée par la convention, peut, sur cette somme, leur faire déduction de toutes les créances que la communauté a contre la femme, *verbi gratiâ*, pour les sommes tirées de la communauté, afin d'acquitter des dettes mobiliaires de la femme, antérieures au mariage, et excluses de la communauté par la convention de séparation de dettes, ou pour des impenses (autres que celles d'entretien) faites des deniers de la communauté sur les héritages propres de la femme.

Si les créances de la communauté contre la femme excédaient la somme que le mari doit aux héritiers, non-seulement le mari demeurerait quitte envers eux de cette somme, mais ils seraient débiteurs envers lui de cet excédant.

Lorsque la femme, durant le mariage, a doté, conjointement avec son mari, des biens de la communauté quelqu'un de leurs enfans communs, on doit mettre au rang des créances que la communauté a contre la femme, ce qu'elle en a tiré, afin de contribuer pour sa moitié à cette dot. La clause, que les héritiers de la femme auront pour tout droit de communauté une certaine somme, renferme une renonciation qu'elle a faite à la communauté pour cette somme, dans le cas de son prédécès. Cette renonciation exclut entièrement les héritiers des biens de la communauté, et les oblige à faire raison de tout ce que la femme en a tiré.

Il en serait autrement si elle n'avait pas été partie à la dotation; car ne dote qui ne veut. Il ne suffit pas, pour qu'elle soit censée avoir doté, qu'elle ait été en qualité au contrat de mariage; car elle est réputée n'y avoir paru que pour donner son consentement au mariage.

Ajoutons que le mari qui retient tous les biens de la communauté, à la charge de donner la somme convenue aux héritiers de la femme, doit être seul tenu pour le total des dettes de la communauté. C'est pourquoi il doit payer aux héritiers de la femme, outre la somme convenue, tout ce que la communauté doit à la femme pour les reprises, remplois de propres, et pour quelqu'autre cause que ce soit, sans que ses héritiers en fassent aucune confusion.

§ X V.

De la clause d'exclusion de communauté.

Il est encore loisible aux conjoints de convenir qu'il n'y aura aucune communauté de biens entre eux. L'effet de cette convention est que ni la femme, ni ses héritiers, ne peuvent prétendre aucune part, lors de la dissolution du mariage, dans les biens soit mobiliers, soit immobiliers, que le mari a acquis durant le mariage, à quelque titre que ce soit, ni encore moins dans ceux qu'il avait lorsqu'il s'est marié.

Quand même les acquisitions, que le mari a faites durant le mariage, l'auraient été des revenus des biens de la femme dont le mari a droit de jouir, la femme et ses héritiers ne seraient pas plus fondés à y prétendre part.

Par suite de ce raisonnement, la femme et ses héritiers ne sont aucunement tenus des dettes qu'a pu contracter le mari ; et, si la femme s'y est obligée, elle doit en être récompensée par son mari.

§ X V I.

De la séparation contractuelle.

Autre convention plus étendue que celle dont nous venons de parler : elle consiste à dire que, non-seulement, il n'y aura pas de communauté de biens entre les conjoints, mais que chacun jouira séparément de

ses biens. C'est ce qu'on appelle *séparation contractuelle*. Elle a cela de plus que la simple exclusion de
communauté, qu'elle prive le mari de la jouissance des
biens de sa femme.

Remarquons, néanmoins, que, par cette séparation
contractuelle, la femme a bien le droit de recevoir les
revenus de ses biens, d'en faire de simples baux à
loyer ou à ferme, et généralement de faire tous les
actes de simple administration, sans avoir besoin de
l'autorisation de son mari. Mais, comme cette séparation ne la soustrait pas à la puissance de son mari,
elle ne peut aliéner ses immeubles, ni même recevoir
le rachat de ses rentes, sans être autorisée par son
mari ou par justice. Le mari peut même arrêter les
deniers du rachat, jusqu'à ce qu'il en soit fait emploi,
pour sûreté des charges du mariage, auxquelles elle est
obligée de contribuer.

La séparation peut n'être que partielle. La femme
peut stipuler qu'elle jouira séparément d'un certain héritage, des revenus duquel elle pourra disposer à son
gré, pendant tout le tems que durera le mariage, et
établir, au surplus, une communauté de biens avec
son futur époux. Le bien réservé se nomme *para-
phernal*. Il est hors la dot et hors la communauté.

SEPTIÈME LEÇON.

SUITE DE LA COMMUNAUTÉ.

§ XVII.

Du droit des conjoints sur les biens de la communauté.

LE mari seul, à proprement parler, a droit sur les biens de la communauté. On établit, à cet égard, deux axiómes dont toutes les conséquences coulent de source.

Premier axióme. — Le mari, comme chef de la communauté, est réputé seul maître des biens de la communauté tant qu'elle dure, et il en peut disposer sans le consentement de la femme.

De là, il faut conclure,

1°. Que le mari peut charger les biens de la communauté de toutes les dettes qu'il juge à propos de contracter tant qu'elle dure, non-seulement de celles qui concernent ou pourraient paraître concerner les affaires de la communauté, mais même de celles qui n'y ont aucun rapport, même de celles qui ont pour cause les délits par lui commis.

2°. Qu'il peut perdre à son gré les biens de la communauté sans en être comptable; laisser périr, par la prescription, les biens qui en dépendent, dégrader les héritages, briser les meubles, tuer par brutalité ses chevaux, etc.

3º. Qu'il peut aliéner par des actes entre vifs, à quelque titre que ce soit, même à titre de donation entre vifs, envers telles personnes qu'il juge à propos grever lesdits biens d'hypothèques non-seulement pour ses dettes, mais pour celles d'autrui; enfin, les charger de servitudes.

4º. « Qu'étant maître des actions mobiliaires et « possessoires qui procèdent du côté de sa femme, il « peut agir et déduire lesdits droits et actions en juge- « ment sans sadite femme. » (Coutume de Paris, ar- « ticle CCXXXIII.) La disposition de cet article a lieu quand même le mobilier de la femme aurait été réalisé par une clause de réserve de propre; car, tout l'effet de cette clause est de lui accorder, ou à ses hé- ritiers, une reprise lors de la dissolution de commu- nauté : elle n'empêche pas que ce mobilier ne tombe dans la communauté, à charge de reprise.

Second axiôme. — Ces dispositions, néanmoins, ne sont valables qu'autant qu'elles ne paraissent pas faites en fraude de la part que la femme et ses héritiers ont droit d'y avoir lors de la dissolution de communauté.

Le principal cas de la fraude est lorsque la disposi- tion faite des biens de la communauté tend à en avan- tager le mari ou ses hoirs, au préjudice de la part que la femme ou ses héritiers doivent avoir dans lesdits biens. C'est pour cette raison que, toutes les fois que le mari s'est avantagé des biens de la communauté, qu'il en a tiré des sommes pour des affaires qui lui étaient tout à fait particulières, il en doit récompense à la communauté.

Non-seulement le mari ne peut s'avantager directement des biens de la communauté, au préjudice de la part que la femme aurait dû y avoir, il ne le peut même indirectement. De là il suit que la donation que le mari ferait d'un conquét de sa communauté à son père ou à quelque autre de ses parens dont il attendrait la succession, doit être censée faite en fraude ; car il ne le donne que pour qu'il lui revienne comme propre dans la succession du donataire, et, par ce moyen, s'en avantager indirectement.

Pareillement, le mari ne peut enrichir ses hoirs des biens de la communauté : ce qui comprend les enfans qu'il a d'un précédent mariage, et, à défaut d'enfans, ceux qui sont en degré de lui succéder.

On doit enfin regarder une donation comme suspecte de fraude, et comme faite à un incapable, non-seulement lorsqu'elle est faite à l'incapable lui-même, mais aussi lorsqu'elle est faite aux enfans de l'incapable.

Il est, néanmoins, certaines donations qui, bien que faites par le mari des deniers de la communauté, à un enfant d'un précédent mariage, ne sont pas censées faites en fraude de la part de la femme : telles sont les donations d'alimens. Encore faut-il distinguer : si cet enfant n'a pas de biens pour subvenir à ses alimens, ceux que le mari lui fournit du fonds de sa communauté sont moins une donation que l'acquittement d'une dette naturelle. La femme n'en peut prétendre aucune récompense , les dettes de chacun des conjoints étant une charge de la communauté. Mais si l'enfant avait un bien suffisant pour subvenir à ses alimens , le mari ne lui en devait pas. Si donc, les lui ayant fournis aux dépens de la communauté , il ne les a pas employés en dépense dans le compte qu'il lui a rendu , et que , par ce moyen , le reliquat de ce compte qui a été payé à cet enfant par la communauté se soit trouvé plus fort , la somme , dont ce reliquat est plus fort qu'il ne l'eût été si les alimens eussent été employés en dépenses , est réputée avantage fait par le mari à cet enfant ; et la femme a droit d'en prétendre récompense.

Le droit de la femme sur les biens de la communauté n'est , pendant qu'elle dure , qu'un droit informe , qui se réduit à une simple espérance de partager les biens qui se trouveront la composer lors de la dissolution. Ce n'est que par cette dissolution que le droit de la femme est ouvert , et qu'il devient un droit véritable et effectif de propriété pour moitié des biens communs.

Mais si la femme ne peut seule et d'elle-même disposer des biens de la communauté, elle peut contracter et s'obliger conjointement avec son mari , ou en sa seule qualité de commune , ou en son propre nom.

Lorsque le mari dispose et contracte seul des biens de la communauté , sa femme , quoiqu'elle ne soit pas présente , ni nommée au contrat , est censée contracter avec lui pour la part qu'elle a dans les biens de la communauté. Mais elle n'est réputée contracter qu'en sa seule qualité de commune. C'est pourquoi, en renonçant à la communauté, elle peut se décharger de toutes les obligations qui résultent de ce contrat, même vis-à-vis de celui avec qui le mari a contracté.

Mais, lorsque la femme autorisée est présente et partie au contrat, elle s'oblige en son propre nom; et elle ne peut, en renonçant à la communauté, se décharger des obligations résultantes de ce contrat, vis-à-vis du créancier avec qui elle a contracté; sauf à elle à s'en indemniser par son mari ou ses héritiers.

Lorsqu'une femme, marchande publique, dispose d'effets de la communauté par des contrats relatifs à son commerce, elle est censée contracter conjointement avec son mari, lequel, en la souffrant faire son commerce, est censé approuver ces contrats et les faire avec sa femme. Dans ce cas, la femme est obligée en son propre nom.

§ X V I I I.

De la séparation de biens.

La communauté de biens entre époux se dissout, 1°. Par la mort naturelle de l'un des conjoints; 2°. Par la mort civile; 3°. Par le divorce; 4°. Par la séparation de biens. Ce n'est que de ce dernier mode de dissolution de communauté que nous allons nous occuper.

Pour quelles causes peut intervenir la séparation de biens.

La femme peut donner contre son mari la demande en séparation de biens, pour les mêmes causes pour lesquelles, par le droit romain, elle pouvait demander, durant le mariage, la restitution de sa dot.

Ces causes sont que la dot de la femme est en péril, et qu'il paraît que le mauvais état des affaires du mari rend ses biens insuffisans pour en répondre.

Néanmoins, il n'est pas nécessaire, pour que la femme soit reçue à demander la séparation, que son mari soit devenu entièrement insolvable. La séparation serait alors pour elle un remède inutile. Il suffit qu'il commence à le devenir, et que le mauvais train que prennent ses affaires donne lieu de craindre qu'il ne le devienne de plus en plus.

Peu importe encore que le mauvais état des affaires du mari soit, ou non, arrivé par sa faute et sa mauvaise conduite. Quoique le dérangement de ses affaires soit survenu sans sa faute, par des pertes considérables dans son commerce qu'il n'avait pas pu prévoir, il suffit, pour obtenir la séparation, que les biens du mari ne soient plus suffisans pour répondre de la dot de la femme.

Le défaut d'emploi des deniers dotaux de la femme, qu'elle s'est réservés propres par son contrat de mariage, peut aussi être un moyen pour obtenir la sépa-

Cinquième cahier.   F

ration , surtout lorsque cet emploi a été stipulé par le contrat de mariage.

Au surplus , il n'y a que la femme qui puisse demander contre son mari la séparation de biens. Le mari, ayant seul en sa libre disposition tous les biens de la communauté , n'est pas recevable à la demander.

Comment se fait la séparation de biens ?

La séparation de biens ne peut se faire par le mutuel consentement des parties ; il est nécessaire qu'elle soit ordonnée par jugement rendu avec connaissance de cause. La raison est que toutes les conventions de mariage sont irrévocables , et ne peuvent se changer, durant le mariage , sans l'intervention judiciaire , parce que tels changemens pourraient renfermer des avantages indirects , qui ne sont pas permis entre époux.

Ainsi, une transaction par laquelle les parties conviendraient d'une dissolution de communauté , et qu'à l'avenir chacun des conjoints jouirait séparément de son bien , serait un acte nul , quand même , dès le tems de cette transaction , la femme aurait eu de justes raisons de demander cette séparation , auxquelles le mari se serait rendu ; quand même encore les parties auraient fait homologuer en justice cette transaction. L'une ou l'autre des parties pourrait , en appelant de ce jugement d'homologation , faire déclarer nulle la séparation ; les créanciers le pourraient pareillement par la voie de tierce opposition.

Pour parvenir au jugement, la femme doit commencer par donner requête au tribunàl, par laquelle elle expose les sujets qu'elle a de demander la séparation, et conclut à être autorisée à donner cette demande contre son mari. Le juge met au bas de la requête son ordonnance, par laquelle il l'y autorise ; et si elle est mineure, il lui nomme un curateur.

Le tribunal ne doit ordonner la séparation qu'après que la femme aura fait la preuve des faits qui servent de fondement à sa demande, c'est à dire du mauvais état des affaires de son mari, qui met sa dot en péril.

Quand même le mari aurait, par ses défenses, avoué les faits allégués par la femme, le juge ne doit pas moins exiger que la femme fasse la preuve. Cette preuve se fait tant par témoins, qui déposent de la mauvaise conduite du mari, que par des pièces qui l'établissent. Pour pièces écrites, la femme peut rapporter les pièces justificatives de la saisie réelle des biens du mari, celles de sa faillite, les sentences obtenues contre lui, etc., etc.

Le jugement rendu, la coutume impose encore deux conditions à la femme :

1°. Le jugement doit être publié au tribunal, séance tenante. Cette condition est de rigueur surtout pour les marchands et banquiers. L'ordonnance de 1667, titre VIII, prescrit à leur égard des formalités particulières : elle veut que les sentences de séparation

soient publiées à l'audience de la jurisdiction consu-
laire, s'il y en a ; sinon, dans l'assemblée de l'hôtel
de ville, et qu'elles soient insérées dans un tableau
exposé en un lieu public.

2°. Il faut que le jugement soit sérieusement exé-
cuté, que le mari ait restitué la dot à la femme, ou
que celle-ci ait fait des poursuites sérieuses pour se la
faire rendre, et qu'elle ne les ait pas abandonnées.

De l'effet de la séparation de biens.

Le principal effet de la séparation de biens est la dissolution de la communauté. La femme qui a obtenu sa
séparation renonce ordinairement à la communauté,
auquel cas la séparation ne donne lieu à aucun inventaire et partage des biens communs. Elle donne seulement ouverture à l'action de la femme contre son mari,
pour la restitution de sa dot, c'est à dire tant de ses
reprises et remplois de propres, que de ce qu'elle a
mis en communauté, et dont elle a, par son contrat
de mariage, stipulé la reprise en cas de renonciation.

Tout ce que chacun des conjoints acquiert depuis la
séparation, il l'acquiert pour son compte ; et même
l'usage donne un effet rétroactif au jugement ; la
communauté est censée dissoute du jour de la demande en séparation.

Par suite, enfin, de cette séparation, la femme
acquiert le droit d'administrer ses biens, et de faire
tous actes y relatifs, sans l'autorisation de son mari.

Mais, pour tout ce qui est disposition et aliénation, elle reste soumise à la puissance maritale.

Comment se détruit la séparation de biens judiciaire ?

Il y a cette différence entre la séparation contractuelle et celle judiciaire, que celle-là est irrévocable, et que l'autre peut se détruire par le consentement des parties. La raison de cette différence est que les conventions de mariage sont irrévocables, et qu'il n'est pas au pouvoir des parties d'y déroger. Au contraire, le retour à la loi du contrat de mariage étant favorable, il est libre aux conjoints de se départir, par un consentement mutuel, de la séparation judiciaire, et de rétablir leur communauté, en remettant leurs biens ensemble.

Ce rétablissement de communauté doit être constaté par un acte devant notaire, ou au greffe. Il doit, en effet, être connu du public, et surtout de ceux qui peuvent avoir des affaires avec l'un ou l'autre des conjoints.

La communauté rétablie, la séparation est tellement détruite, que les choses sont remises au même état que s'il n'y en avait jamais eu ; la communauté est censée avoir toujours duré, et n'avoir point discontinué. C'est pourquoi toutes les acquisitions faites, toutes les dettes contractées par chacun des conjoints, durant la séparation, tombent dans la communauté.

Mais cet effet ne peut avoir lieu qu'entre les conjoints, et non vis-à-vis d'un tiers auquel la séparation aurait acquis un droit. Supposons, par exemple, que, par un contrat de mariage , un tiers , pour augmenter la dot de la future épouse , ait compté au mari une certaine somme , avec clause qu'il aurait droit de répéter cette somme du mari lors de la dissolution de communauté soit par mort, soit par séparation. Le cas est arrivé par une sentence de séparation qui a été bien et duement exécutée : ce tiers ayant acquis par l'évènement de la condition, le droit de répéter la somme ne peut en être privé par le rétablissement de communauté qui intervient depuis.

§ X I X.

De l'acceptation de communauté.

Après la dissolution de la communauté, il est au choix de la femme ou de ses héritiers d'accepter la communauté ou d'y renoncer. Mais, lorsqu'ils ont pris une fois l'un des deux partis, ils ne peuvent plus varier. Par la renonciation de la femme ou des héritiers , le mari devient propriétaire incommutable des biens de la communauté pour le total.

Si , néanmoins, la partie qui a renoncé était mineure , ou avait été grossièrement trompée par la fraude avérée du mari, elle pourrait , par la voie de rescision, être remise au même état qu'elle était avant la renonciation, accepter la communauté , et demander partage.

Bien que la femme ou ses héritiers, qui ont renoncé à la communauté, ne soient plus recevables à l'accepter, néanmoins, s'ils avaient, en fraude de leurs créanciers, renoncé à une communauté avantageuse, les créanciers, pourraient faire déclarer cette renonciation frauduleuse, et demander la part qui appartient à leur débiteur dans les biens de la communauté.

La femme seule ou ses héritiers ont le droit d'accepter la communauté, ou d'y renoncer. Il est évident que le mari ne peut renoncer à sa propre communauté.

La communauté s'accepte expressément ou tacitement : *expressément*, lorsque, depuis la dissolution de la communauté, la femme prend dans quelque acte la qualité de commune. *Tacitement*, par quelque fait de la femme qui suppose en elle la volonté d'être commune ; mais ce fait doit être tel qu'on ne puisse apercevoir de raison pourquoi elle aurait fait ce qu'elle a fait, si elle n'eût pas voulu être commune.

La disposition de quelques-uns des effets de la communauté est une véritable acceptation, quand même les choses, dont la femme a disposées, n'auraient pas appartenu au mari, ni dès lors dépendu de la communauté. Il suffit que la femme ait cru disposer des choses appartenantes à la communauté, elle a, par cette disposition, déclaré suffisamment sa volonté d'être commune.

C'est encore, de la part de la femme, une acceptation tacite de la communauté que de payer pour sa part quelque dette de la communauté, à laquelle elle n'est point obligée en son propre nom , et sans qu'elle ait d'autre qualité pour la payer que celle de commune.

Mais si elle était obligée en son propre nom , quand ce ne serait que comme caution de son mari , si elle était exécutrice testamentaire de son mari ou tuteur de ses enfans , on ne pourrait pas dire que les dispositions , ou les paiemens qu'elle pourrait faire , fussent faits par elle en qualité de commune. Elle serait censée avoir acquitté ou sa propre dette , ou celle de son mari et de ses enfans.

L'acceptation a un effet rétroactif au tems de la dissolution de la communauté. Dès cette époque, la femme ou ses héritiers sont réputés propriétaires pour moitié par indivis de tous les biens dont la communauté s'est trouvée alors composée. Tous les fruits qui ont été perçus depuis ce tems , et généralement tout ce qui en est provenu , leur appartiennent pareillement pour moitié.

Par suite du même principe , la femme ou ses héritiers deviennent débiteurs de toutes les dettes de la communauté pour la part qu'ils y ont. Néanmoins , les coutumes leur accordent le droit de n'en être tenus que jusqu'à concurrence de ce qu'ils ont amendé.

HUITIÈME LEÇON.

SUITE DE LA COMMUNAUTÉ.

§ X X.

De la renonciation à la communauté.

La renonciation à la communauté est un acte par lequel la femme ou ses héritiers, pour n'être pas tenus des dettes de la communauté, renoncent à la part qui leur est déférée par la dissolution de la communauté dans les biens dont elle est composée.

La femme ne peut jamais être privée de ce droit, quand même elle y aurait renoncé par une clause de son contrat de mariage. En effet, il est contre le bon ordre et l'intérêt public de laisser aux maris le pouvoir d'engager et d'absorber les propres de leur femme. Aussi a-t-on proscrit toutes les conventions qui tendraient à laisser au mari ce pouvoir. Or, telle est celle par laquelle une femme se priverait de renoncer à la communauté, et par-là de se décharger des dettes immenses qu'un mari dissipateur aurait contractées. D'ailleurs, il n'y a que les créanciers qui aient intérêt que la femme soit exclue du droit de renoncer à la communauté ; le mari n'en a aucun, puisque même, en cas d'acceptation de la communauté, il est tenu d'acquitter la femme ou ses héritiers de ce qu'ils paieraient de dettes au-delà de ce qu'ils amendent des biens de la communauté.

Quand et comment la renonciation doit-elle se faire ?

La renonciation de la femme à la communauté se faisait autrefois, lors des obsèques du mari, avec certaines cérémonies : après que le corps du mari avait été déposé en terre, la veuve, en signe de sa renonciation, se déceignait, et jetait sur la fosse la bourse et les clefs attachées à sa ceinture. Quelques coutumes ont long-tems conservé cet usage, mais il est enfin tombé en désuétude.

Aujourd'hui, dans les coutumes qui ne se sont pas expliquées sur le mode de renonciation, il suffit de la faire par un acte notarié.

En général, tant que la femme ou ses héritiers n'ont pas accepté la communauté, et ne sont pas poursuivis, ils sont toujours à tems de manifester leur renonciation. Mais lorsque la veuve est poursuivie par quelque créancier pour payer sa part d'une dette de la communauté, elle doit s'expliquer sur la qualité qu'elle entend prendre. Alors il faut distinguer si elle est encore ou non dans les délais de l'ordonnance.

Ces délais sont de trois mois pour faire inventaire, et de quarante jours pour délibérer. Après l'expiration de ces deux délais, soit qu'ils fussent déjà expirés lors de la demande du créancier, soit qu'ils ne l'aient été que depuis, la femme doit s'expliquer précisément, et rapporter un acte de renonciation, sous peine d'être condamnée à payer la dette de la même manière que si elle eût été commune. Mais observons que le jugement qui condamne la veuve à payer une dette de la communauté, comme si elle était commune, ne la rend pas commune en effet, et n'empêche pas qu'elle ne puisse opposer un acte de renonciation à d'autres créanciers qui, depuis ce jugement, lui demanderaient le paiement d'autres dettes de la communauté.

L'inventaire, pour la confection duquel l'ordonnance accorde trois mois à la femme, est de précepte rigoureux. La coutume de Paris s'en est expliquée formellement. (Article CCXXXVII.) L'objet de cette disposition est que la femme qui, par le prédécès de son mari, se trouve en possession de tous les effets de la communauté, justifie soit aux héritiers, soit aux créanciers de son mari, qu'elle abandonne réellement tous les effets de la communauté.

Cependant, la femme peut renoncer sans avoir fait inventaire, 1°. lorsque la communauté est dissoute du vivant du mari par un divorce ou une séparation de biens, parce qu'alors le mari seul est en possession des effets de la communauté ; 2°. même en cas de prédécès du mari, lorsque la femme, qui ne demeurait pas avec son mari, ne s'est trouvée en possession de rien, et que ce sont au contraire les héritiers du mari qui se sont mis en possession de tous les effets de la communauté.

Par la même raison, les héritiers de la femme peuvent renoncer à la communauté sans inventaire , lorsque la dissolution arrive par le prédécès de la femme.

Des effets de la renonciation à la communauté.

Le premier effet de la renonciation de la femme ou de ses héritiers à la communauté , est de les exclure des biens de la communauté , desquels le mari ou ses héritiers deviennent propriétaires pour le total , *jure non decrescendi.*

Cette renonciation s'étend non-seulement aux biens dont la communauté se trouve composée lors de sa dissolution, mais à tout ce que la femme en a tiré , et dont elle doit récompense , à l'exception de ce qu'elle y a pris pour les alimens et l'entretien de ses héritages propres.

La femme renonçante est excluse du préciput stipulé par le contrat de mariage , au profit du survivant sur les biens de la communauté , sauf convention contraire. On doit néanmoins lui laisser une robe , et le reste de ce qui forme un habillement complet, quand même il n'y aurait aucun préciput stipulé par le contrat de mariage.

C'est un second effet de la renonciation à la communauté que la femme ou ses héritiers soient déchargés de toutes les dettes de la communauté , même envers les créanciers , lorsque la femme n'était pas obligée en son propre nom.

Mais si la dette de la communauté procède de son chef, ou qu'elle s'y soit obligée en son nom , ayant été partie dans le contrat avec son mari qui l'a autorisée, la femme et ses héritiers , nonobstant la renonciation , en sont tenus envers le créancier ; mais ils en doivent être acquittés par les héritiers du mari.

La femme d'un marchand ou d'un artisan, qui a passé des marchés pour le commerce de son mari , ne peut être réputée les avoir faits que pour son mari, sans vouloir s'obliger en son nom. Mais lorsqu'elle fait un commerce séparé , elle est censée s'obliger en son nom pour tout ce qui est relatif à ce commerce.

Ajoutons que la femme renonçante doit être acquittée des frais de l'inventaire par la succession du mari.

§ X X I.

De la liquidation des créances et des dettes après la dissolution de communauté.

Après la dissolution de la communauté, on doit liquider les créances et les dettes dont chacun des conjoints peut être créancier ou débiteur envers la communauté.

Cette liquidation est nécessaire, 1°. en cas d'acceptation par la femme ou ses héritiers , afin que chacun des conjoints puisse, au partage qui se fera des biens de la communauté , exercer sur lesdits biens la reprise de la somme dont il se sera trouvé créancier , déduction faite de ce qu'il peut devoir à la communauté ; et que pareillement s'il se trouve débiteur envers la communauté, ce qu'il doit lui soit, au partage, précompté sur sa part, déduction faite de ce qui peut lui être dû; 2°. même en cas de renonciation, au moins à l'égard de la femme; car elle a pour ses créances action contre son mari ou ses héritiers. Il faut également liquider ses dettes, car la somme dont elle se trouvera redevable, devra lui être déduite sur la restitution de sa dot.

De la liquidation des créances, et particulièrement du remploi du prix des propres des conjoints, aliénés durant la communauté.

Lorsque, durant la communauté, l'héritage propre de l'un ou de l'autre des conjoints a été aliéné, ou lorsque la rente propre de l'un d'eux a été rachetée, et que la communauté en a reçu le prix, s'il n'a pas été fait remploi en autres héritages ou rentes, celui des conjoints, à qui l'héritage ou la rente appartenait, est créancier du prix envers la communauté.

Cette reprise ne doit être ni du prix auquel ce propre a été estimé par le contrat de mariage, ni de celui qu'il valait lors de l'aliénation, mais précisément de celui pour lequel il a été vendu, quand même il aurait été vendu au-dessus ou au-dessous de sa valeur. Ce prix s'entend non-seulement du prix principal, mais de tous ses accessoires dont la communauté a profité, comme pot de vin, épingles, soit en argent, soit en effets mobiliers.

On doit aussi comprendre dans le prix de la vente, dont la reprise est dûe, celui des charges appréciables à prix d'argent qui ont été imposées à l'acheteur, et dont la communauté a profité. Par la même raison, le conjoint doit avoir la reprise du prix des servitudes qu'il a imposées sur son héritage en l'aliénant, au profit d'un conquêt de communauté.

Quant aux intérêts de ce prix, la communauté ne les doit que du jour de la dissolution. Jusqu'à ce moment, ils lui ont tenu lieu des fruits de l'héritage qu'elle eût continué de percevoir sans la vente.

Au surplus, ce n'est pas seulement la vente des propres de chacun des conjoints qui donne lieu à la reprise, elle peut s'exercer dans le cas de toute espèce d'aliénations, par lesquelles il parvient à la communauté quelque chose d'appréciable à prix d'argent, comme dation en paiement, donation rénumératoire, donation onéreuse, aliénation pour une rente viagère, échange, bail à rente. En voici les espèces :

1°. *Dation en paiement.* — Lorsque l'un des conjoints a donné son héritage propre en paiement de quelques dettes de la communauté, il est créancier du montant desdites dettes.

2°. *Donation rénumératoire.* — Lorsque l'un des conjoints a donné son héritage propre en récompenses de services, si ces services étaient appréciables à prix d'argent, et que la récompense en fût due par la communauté, le conjoint sera créancier du prix du montant de ces services.

3°. *Donation onéreuse.* — Lorsque l'un des conjoints, par la donation qu'il a faite de son héritage propre, a imposé au donataire des charges appréciables à prix d'argent, dont la communauté a profité, il est créancier du prix de ces charges.

4°. *Aliénation pour rente viagère.* — Lorsque l'un des conjoints aliène son héritage propre pour une rente viagère, la reprise dûe à ce conjoint consiste seulement dans la somme dont les arrérages de la rente, courus depuis l'aliénation jusqu'à la dissolution de communauté, excèdent les revenus dudit héritage.

5°. *Echange.* — Lorsque l'un des conjoints a échangé son héritage propre contre des choses mobiliaires, il est créancier du prix que valaient lesdites choses au tems qu'il les a reçues.

6°. *Bail à rente.* Lorsque l'un des conjoints a fait bail à rente de son héritage propre, si par le bail il a reçu, par forme de deniers d'entrée ou une somme d'argent ou autres choses mobiliares, ou s'il a imposé au preneur quelques charges dont la communauté ait profité, il est créancier soit de la somme de deniers qu'il a reçus, soit de la valeur des effets mobiliers, soit du prix des charges.

Différences entre les deux conjoints par rapport à leurs créances.

La femme et le mari ne sont pas également traités

pour le recouvrement de leurs créances. Il faut remarquer entre eux deux différences essentielles.

1º. Si le mari a vendu quelqu'un de ses propres durant la communauté, et que, par sa négligence à poursuivre l'acheteur qui est devenu insolvable, il n'ait été payé que d'une partie du prix, il n'est créancier que de la partie du prix qu'il a reçu durant la communauté. S'il a laissé prescrire ses rentes, il ne peut prétendre aucune indemnité de cette perte contre la communauté.

Au contraire, la femme est créancière de la communauté pour la reprise de ses dettes actives stipulées propres, et pour le prix de ses propres vendus pendant la communauté, quoique son mari ne s'en soit pas fait payer, si c'est par sa faute et par sa négligence qu'il ne l'a pas été.

De même, si le mari a laissé perdre, soit par la prescription, soit en manquant de s'opposer à un décret, quelques rentes ou autres droits propres de la femme, il est tenu des dommages et intérêts qu'elle souffre de cette perte; et, comme c'est durant la communauté qu'il contracte cette dette, il en charge cette communauté vis-à-vis de sa femme.

2º. Le mari ne peut, pour les créances qu'il a contre la communauté, se venger que sur ce qui reste des biens de la communauté, après que la femme a prélevé sur lesdits biens ce qui lui est dû.

La femme, quoiqu'elle accepte la communauté, n'est tenue, pour sa part, de ce qui est dû à son

Cinquième cahier.   G mari , de même que de toutes les dettes de la communauté, que jusqu'à concurrence de ce qu'elle en a amendé. Quant à ses créances, à défaut des biens de la communauté, elle a droit de se venger sur les biens propres de son mari.

§ X X I I.

De la liquidation des dettes des conjoints envers la communauté.

Les dettes dont chacun des conjoints ou ses héritiers peuvent se trouver débiteurs en la communauté sont,

1°. Ce qui reste dû de la somme que le conjoint a promis d'apporter à la communauté. (*Vide supra ,* § *VI.*)

2°. Les récompenses qui peuvent être dûes par chacun des conjoints à la communauté, pour ce qu'il en a tiré pour ses affaires particulières.

Principes généraux sur les récompenses dûes à la communauté.

Premier principe. — Toutes les fois que l'un ou l'autre des conjoints s'enrichit aux dépens de la communauté, il lui doit récompense.

Second principe. — La récompense n'est pas toujours de ce qu'il a coûté à la communauté pour l'affaire particulière de l'un des conjoints ; elle n'est dûe que jusqu'à concurrence de ce qu'il a profité.

Troisième principe. — La récompense n'excède pas ce qu'il en a coûté à la communauté, quelque ait été le profit que le conjoint a retiré.

§ X X I I I.

De la récompense dûe à la communauté pour l'acquittement des dettes propres de l'un des conjoints.

Lorsque l'un des conjoints a acquitté des deniers de la communauté une dette qui lui était propre, il en doit récompense. Si cette dette était d'une somme d'argent dont il était seul tenu en vertu d'une convention de séparation de dettes, il doit récompense de la somme qu'il a payée; mais lorsque la dette acquittée était une rente dont il était débiteur, la communauté ne peut pas précisément lui demander la somme qu'il en a tirée pour la racheter; il n'est débiteur envers la communauté que de la continuation d'une rente telle que celle dont il s'est acquitté envers son créancier. Cette dernière décision est fondée sur notre second principe : que la récompense n'est dûe que de ce que le conjoint a profité envers la communauté.

§ XXIX.

Des récompenses dues à la communauté par rapport aux sommes qui en ont été tirées pour les héritages propres de l'un des conjoints.

Lorsque l'un des conjoints est devenu, aux dépens de la communauté, propriétaire d'un héritage qui lui est propre, il doit récompense à la communauté de ce qu'il en a tiré pour le devenir. Exemple : si le père de l'un des conjoints, qui lui avait promis en le mariant une certaine somme en dot, lui a donné à la place un héritage durant la communauté, cet héritage lui est propre. Mais comme il en devient propriétaire aux dépens de la communauté dans laquelle était entrée la créance de la somme promise en dot, il doit récompense de cette somme.

Par la même raison, lorsque l'un des conjoints rentre, durant la communauté, dans un héritage que lui ou ses auteurs avait aliéné avant le mariage, il doit récompense des sommes qu'il a tirées de la communauté pour y rentrer. Si donc il est rentré dans un héritage sur une action de réméré, ou sur une action rescisoire, il doit à la communauté les sommes qu'il en a tirées pour rembourser ceux sur qui il a exercé ces actions.

Pareillement, si, par un partage, avec ses cohéritiers ou ses copropriétaires, d'héritages qu'il possédait avec eux par indivis dès avant le mariage, le lot est échu audit conjoint, à la charge d'un retour en deniers ou en rentes, il dóit récompense à la communauté de la somme qu'il en a tirée pour acquitter ce retour.

Enfin, ce que l'un des conjoints a tiré des biens de sa communauté pour se conserver son héritage propre, étant donné pour raison de cet héritage, il en doit récompense. Supposons que l'un des conjoints a acheté avant son mariage un héritage sur lequel le vendeur a contre lui une action pour cause de lésion d'outre moitié ; si le conjoint a payé des deniers de la communauté au vendeur une certaine somme pour le supplément du juste prix, il est débiteur de ce supplément qui lui a conservé son héritage.

NEUVIÈME LEÇON.

SUITE DE LA COMMUNAUTÉ.

§ X X V.

De la récompense dûe à la communauté pour raison des impenses faites sur les héritages propres de chacun des conjoints.

Il y a quatre espèces d'impenses : celles d'entretien, celles nécessaires, celles utiles et celles voluptuaires.

Les impenses d'entretien des héritages propres de chaque conjoint sont des charges de la communauté dans laquelle entrent les revenus desdits biens.

Les impenses nécessaires sont celles qu'il est indispensable de faire. Telles sont la réfection à neuf d'un gros mur , de la couverture. Le conjoint propriétaire de l'héritage, sur lequel l'impense nécessaire a été faite, doit toujours récompense à la communauté de tout ce qu'il en a coûté , quand même l'héritage ne subsisterait plus , ayant été incendié par le feu du ciel , ou submergé.

Les impenses utiles sont celles qu'on peut se dispenser de faire , mais qui améliorent l'héritage sur lequel elles sont faites. Il n'en est dû récompense qu'autant que l'héritage subsiste encore , et jusqu'à concurrence de ce qu'il se trouve en être plus précieux au tems de la dissolution de la communauté , suivant l'estimation qui doit en être faite par experts.

Les impenses voluptuaires sont celles qui ne procurent que de l'agrément , sans augmenter le prix de l'héritage sur lequel elles sont faites. Il n'en est dû aucune récompense.

§ X X V I.

De la récompense due pour les dots des enfans des conjoints qui ont été dots des biens de la communauté.

Lorsque le mari , ou la femme autorisée , ont doté

des biens de la communauté un enfant qu'ils ont d'un précédent mariage, il n'est pas douteux qu'ils doivent récompense du montant de cette dot.

Il y a plus de difficulté pour la dotation des enfans communs du présent mariage.

A cet égard, nous allons, avec Pothier, établir quelques maximes, que nous appliquerons ensuite à différentes espèces.

Première maxime. — Les dots des enfans communs sont une dette naturelle des deux conjoints.

Seconde maxime. — Quoique l'obligation de doter les enfans soit une dette naturelle du père et de la mère, et qu'en ce sens cette dette soit appelée une dette commune, néanmoins elle n'est pas une dette de leur communauté, mais de chacun d'eux, pour la part que chacun y doit contribuer.

Troisième maxime. — L'obligation de doter les enfans communs est une dette qui n'est que naturelle, pour l'acquittement de laquelle la loi ne donne aux enfans aucune action contre leurs pères et mères. C'est pourquoi chacun des conjoints ne doit doter s'il ne le veut bien; et, par la même raison, chacun d'eux ne contribue à la dot que pour la part pour laquelle il veut y contribuer.

Quatrième maxime. — La femme n'est pas obligée de contribuer de ses biens propres à la dot des enfans communs, si elle ne le veut bien ; mais son mari peut, sans avoir besoin de son consentement, l'y faire contribuer pour sa part dans les effets de la communauté dont il dote cet enfant commun.

Cinquième maxime. — Lorsque le mari a donné en dot à un enfant commun des effets de la communauté, quoiqu'il ait parlé seul au contrat de dotation, s'il ne paraît pas que son intention ait été de doter seul, et seulement sur sa part, il est censé avoir fait cette dotation en sa qualité de chef de la communauté, comme il est censé faire, en cette qualité, tous les actes par lesquels il dispose des effets de la communauté. C'est pourquoi la femme ni ses héritiers ne peuvent prétendre à aucune récompense.

Voyons maintenant de quelles différentes manières un enfant commun peut être doté, et quelle sera dans chaque espèce la portion contributoire de chaque conjoint.

1°. Le père et la mère ont doté conjointement l'enfant commun, et lui ont fourni cette dot en effets de la communauté, sans qu'il soit dit pour quelle part chacune des parties entend y contribuer. En ce cas, ils sont censés avoir doté chacun pour moitié. La femme ou ses héritiers, en cas de renonciation à la communauté, doivent récompense de cette moitié, de laquelle récompense, il se fait déduction sur les reprises que la femme ou ses héritiers ont à exercer sur la communauté.

2°. Lorsque le père et la mère ont doté conjointement leur enfant d'effets de la communauté, mais pour des sommes inégales, chacune des parties doit récompense à la communauté de la somme qu'elle en a tirée, afin d'acquitter la portion pour laquelle elle a contribué à la dot. C'est pourquoi, en cas d'acceptation de la communauté, la partie qui a contribué à la dot pour une plus grande portion doit à l'autre partie la moitié de ce qu'elle a tiré de plus qu'elle de la communauté.

3°. Lorsqu'il est dit par le contrat de dotation d'un enfant que le père et la mère lui ont donné en dot un tel héritage, lequel est propre de l'un d'eux, *puta* du père, la femme, qui n'a rien fourni de sa part pour cette dot, doit récompense à son mari de la moitié de cet héritage.

4°. S'il est dit par le contrat de dotation que le père et la mère ont donné en dot à l'enfant, savoir, le père telles et telles choses, et la mère telles et telles choses, chacune des parties est censée n'avoir voulu contribuer à la dot que pour les choses qu'elle a données. Ainsi , quoique les choses données par l'une des parties soient d'une valeur beaucoup plus grande que celle des choses données par l'autre , la partie qui a donné plus n'a aucune récompense à prétendre contre celle qui a donné moins.

5°. Le père et la mère ont donné à leur enfant une dot qu'ils ont composée tant d'effets de la communauté que d'héritages, dont les uns sont propres du père, les autres propres de la mère, sans que , par le contrat de dotation , on ait distingué les choses que chacune des parties donnait, ni exprimé pour quelle part elles contribuaient à la dot. Il est dit simplement que le père et la mère ont doté de la somme de tant, en telles et telles choses. En ce cas, ils sont réputés avoir doté chacun pour moitié ; et la partie qui a fourni moins que sa moitié est redevable à l'autre de ce qui s'en manque.

6°. Lorsque le père et la mère se sont conjointement obligés de payer pour la dot de leur enfant une somme qui n'est pas encore payée, la femme, quoiqu'elle ait renoncé à la communauté, est débitrice de cette dot, quant à la part pour laquelle elle s'y est obligée, sans qu'elle puisse prétendre aucun recours contre la succession de son mari.

7°. Si le père a doté seul, et a fourni la dot en effets de la communauté, quoiqu'il ait parlé seul au contrat de dotation, il a parlé et agi comme chef de la communauté : en conséquence, la femme ou ses héritiers, bien dûment obligés pour moitié, n'ont aucune récompense à prétendre.

8°. Le père a encore parlé seul au contrat de dotation, et a promis une somme qu'il n'a pas encore payée. A moins qu'il ne soit démontré qu'il a eu l'intention de doter seul, il n'a encore parlé et agi qu'en qualité de chef de la communauté. Dès lors la femme est débitrice, non en son propre nom, n'ayant pas parlé au contrat, mais en sa qualité de commune, de la moitié de cette dot, mais jusqu'à concurrence seulement de ce qu'elle amende des biens de la communauté.

9°. Si le père a parlé seul au contrat, et a donné un

de ses héritages propres, il a seul doté, et la femme ne
doit rien.

10°. Lorsque la femme, autorisée de son mari, a
parlé seule au contrat de dotation, et a promis une
certaine somme, ou l'a fournie en effets de la communauté, sans que le mari de son côté ait rien promis ni
donné, ayant été au contrat de dotation uniquement
pour autoriser sa femme, le mari n'est censé avoir
contribué en rien à la dot; la femme a seule doté, et
ce qu'elle a tiré de la communauté pour cette dot doit
lui être précompté sur sa part en la communauté, et
en cas de renonciation, sur ses propres.

§ X X V I I.

*Des créances que l'un des conjoints peut avoir
non contre la communauté, mais contre l'autre
conjoint.*

Quant aux créances que l'un des conjoints peut
avoir à exercer contre l'autre conjoint, je me bor-
nerai à poser quelques espèces.

1°. Lorsque les deniers que l'un des conjoints s'est
réservés propres, ou qui sont provenus du prix de
l'aliénation de ses propres, ont été employés, durant la communauté, à acquitter une dette propre
de l'autre conjoint, celui à qui appartenait ces deniers devient créancier, non de la communauté, mais
de l'autre conjoint.

Lorsque c'est la femme qui a employé ses deniers propres à acquitter la dette propre de son mari, sa créance ayant pour objet la restitution d'une somme qui fait partie de sa dot, elle a hypothèque du jour de son contrat de mariage, ou, s'il n'y en a pas eu, du jour de la célébration, sur tous les biens de son mari.

Il n'en est pas ainsi du mari qui a employé ses deniers propres à l'acquittement d'une dette propre de sa femme ; il n'a de son chef aucune hypothèque sur les biens de sa femme pour la créance qu'il a à exercer sur elle. Il peut seulement avoir celle qu'avait le créancier qu'il a payé, s'il a eu la précaution de requérir la subrogation.

2°. Lorsque l'un des conjoints, dès avant le mariage, était créancier de l'autre conjoint d'une certaine somme d'argent, et que cette dette a été exclue de la communauté, tant de la part du conjoint créancier par une clause de réalisation de son mobilier, que de celle du conjoint débiteur par une convention de séparation de dettes, c'est une créance que le conjoint créancier continue d'avoir lors de la dissolution de la communauté, non contre la communauté, mais contre l'autre conjoint ou ses héritiers.

3°. Il en est de même lorsque l'un des conjoints a succédé, durant la communauté, au créancier de l'autre conjoint, et que la dette a été exclue de la communauté, tant de la part du conjoint créancier, par une clause de réalisation de successions, que de la part du conjoint débiteur, par une convention de séparation de dettes.

4°. Le douaire de la femme et son deuil sont aussi des créances qu'elle exerce, non contre la communauté, mais contre les héritiers de son mari. Le deuil est dû soit qu'il y ait communauté ou non; en cas de renonciation, comme en cas d'acceptation; il fait partie des frais funéraires.

5°. Enfin, la créance qui résulte des donations que les conjoints se sont faites par leur contrat de mariage, est du nombre de celles que le conjoint donataire a, non contre la communauté, mais contre la succession du conjoint donateur.

§ XXVIII.

Des actes préalables au partage.

Il en est de la communauté entre époux comme de toute société. Après la dissolution, il faut arriver au partage des biens communs. Mais il est quelques actes préalables au partage de la communauté; les principaux sont : l'inventaire, le compte mobilier, l'état de liquidation des reprises et créances respectives, et l'estimation des conquêts. Je vais dire un mot de chacun.

De l'inventaire.

L'inventaire est un acte qui contient par détail la description de tous les effets dont se compose la communauté. En tête sont les noms et qualités de ceux qui en ont requis la confection , et de ceux en présence de qui il se fait. Il a lieu ordinairement à la requête du survivant, ou des héritiers du prédécédé , si le survivant n'est pas sur les lieux.

On commence par la description en détail de tous les meubles corporels : on y comprend les habits, linges et hardes qui sont à l'usage du survivant, sauf un habillement complet qu'on doit lui laisser, et qui dès lors ne doit pas être inventorié. Les manuscrits, portrait de famille , costumes soit de robe soit d'épée, prix de mérite et marques de distinction n'entrent point en partage, et sont laissés au conjoint qui en est propriétaire.

A chacun des meubles corporels compris dans l'inventaire est jointe une mention de sa prisée. Cette prisée se fait par un huissier-priseur , sans être assisté de personne, au moins à Paris et dans les grandes villes. Cependant, s'il se trouvait une bibliothèque dans les effets de la communauté, on devrait appeler un libraire pour donner son avis.

Après la description des meubles corporels, vient la déclaration de tous les titres, papiers et renseignemens des biens de la communauté, journaux, livres de commerce, papiers domestiques, obligations notariées, billets sous-signatures privées des débiteurs de la communauté, titres des rentes et des héritages qui appartiennent à la communauté, et des dettes passives directes.

Le survivant doit faire l'inventaire en présence des héritiers du prédécédé, ou eux dûment appelés. Mais il n'est tenu de convoquer que ceux qui sont sur les lieux. S'ils s'y trouvent volontairement, il suffit de constater leur présence.

Enfin, lorsque les héritiers du prédécédé sont des enfans mineurs, dont le survivant est tuteur, il doit leur faire nommer un subrogé tuteur qui les représente.

Le survivant doit déclarer fidèlement tout ce qu'il sait faire partie de la communauté, sans en rien détourner. Il est responsable et puni de l'omission malicieuse qu'il ferait dans son inventaire de quelques effets corporels ou de quelques titres des biens de la communauté, dans la vue d'en dérober la connaissance aux héritiers du prédécédé, et de les priver de leur part dans lesdits effets.

L'omission est réputée malicieuse lorsque la multitude des choses omises, et la qualité de ces choses qui étaient en évidence et d'un usage journalier, ne permet pas de penser qu'elles aient pu échapper à la connaissance du survivant, qui ne les a pas comprises dans la communauté ; à plus forte raison, lorsque les effets omis dans l'inventaire ont été par le survivant, depuis la mort ou pendant la dernière maladie du prédécédé, détournés du lieu où ils étaient, et portés hors de la maison, ou cachés dans quelque recoin.

La voie du repentir est ouverte au survivant jusqu'à la clôture de l'inventaire. Jusque là, il est toujours à tems de rapporter les effets détournés, et par-là il évite la peine du recel.

Les héritiers de la femme ne sont reçus à se plaindre du recel fait par le mari qu'autant qu'ils ont accepté la communauté, à moins qu'ils ne prétendissent que c'est par l'effet de ce recel qu'ils n'ont point connu les forces de la communauté, et qu'ils y ont renoncé. Dans ce cas, ils sont admis à faire preuve du dol et du recel du mari, et s'ils réussissent dans leur preuve, ils font rescinder leur renonciation, et peuvent conclure contre le mari à la peine du recel.

La peine du recel est que le survivant, qui en est convaincu, soit condamné non-seulement à ajouter les choses recélées à l'inventaire et à la masse des biens de la communauté, mais qu'il soit encore déchu de sa part dans lesdits effets qui appartiennent pour le total aux héritiers du prédécédé.

Du compte mobilier.

Le second acte préalable au partage est le compte mobilier par lequel les parties se font respectivement raison de ce que chacune d'elles, depuis la dissolution, a reçu des biens de la communauté, et de ce que chacune d'elles a mis pour lesdits biens.

Lorsque l'un des conjoints, qui n'a pas été chargé du recouvrement des dettes de la communauté, a reçu des sommes de quelqu'un des débiteurs, s'il a déclaré par les quittances qu'il a reçu ces sommes sur ou pour sa part, il n'est pas obligé d'en faire raison au compte mobilier, sauf à l'autre conjoint à se faire payer comme il pourra de sa portion par lesdits débiteurs. Il supporterait même l'insolvabilité desdits débiteurs, ayant à s'imputer de n'avoir pas usé de la même négligence. Il n'en serait pas ainsi si l'un des conjoints avait été chargé du recouvrement des dettes de la communauté ; il ne lui est pas permis alors de recevoir sa part préférablement à la communauté, il doit raison de tout ce qu'il a touché, quelque déclaration qu'il ait faite dans les quittances qu'il a données.

De l'acte de liquidation des reprises et créances respectives de chacun des conjoints.

L'acte de liquidation qui contient un état des différentes reprises et créances que chacune des parties a à exercer contre la communauté, et des différentes dettes et récompenses dont chacun est débiteur, est le troisième acte préalable au partage.

On doit par cet acte arrêter un total des créances et des dettes de chacun, balancer les deux totaux, et déclarer chacun des conjoints ou créancier de la communauté pour la somme dont le total de ses créances excède le total de ses dettes, ou débiteur de la somme dont le total de ses dettes excède le total de ses créances.

De l'estimation des conquêts.

Il est, enfin, préalablement nécessaire de procéder

à l'estimation des conquêts de la communauté, tant des véritables conquêts que des propres ameublis, qui, en conséquence de l'ameublissement, doivent entrer dans la masse des biens de la communauté.

Lorsque les parties sont majeures, elles peuvent faire cette estimation soit par elles-mêmes, soit par des experts dont elles conviennent. Mais, s'il y a un mineur, des experts doivent être nommés par le tribunal.

DIXIÈME LEÇON.

SUITE DE LA COMMUNAUTÉ.

§ XXIX.

Du partage de la communauté.

Tous les préliminaires remplis, on procède au partage. Les règles en sont généralement les mêmes que pour tout partage de biens possédés par indivis. J'ai cependant quelques particularités à observer ; mais je serai très-succinct.

On commence ordinairement le partage des biens de la communauté par celui du mobilier ; néanmoins on peut ne faire qu'un partage des meubles et des immeubles. Quelquefois même on met tout le mobilier, ou la plus grande partie, dans un lot, et tous les immeubles, ou la plus grande partie, dans un autre, lorsque c'est la convenance des parties.

Assez fréquemment, au lieu de les partager, on procède à la vente des meubles. Mais, si l'une des parties veut avoir sa part en nature dans les meubles, et s'oppose en conséquence à la vente, le partage ne peut lui être refusé, à moins que la vente de tout ou partie ne fût nécessaire pour l'acquittement des dettes exigibles de la communauté, tant de celles qui sont dues à des tiers que de celles qui seraient dûes soit au survivant, soit aux héritiers du prédécédé.

A l'égard du partage des immeubles, on dresse une masse de tous ceux dont la communauté est composée, dans laquelle chaque immeuble est porté pour le prix de son estimation.

La masse arrêtée, la femme, ou ses héritiers, ont le droit de prélever dans les meilleurs effets, à leur choix, la somme à laquelle, par la liquidation, se trouvait monter ses reprises et autres créances, déduction faite de ce qu'elle devait à la communauté.

Ce prélèvement fait, le mari en fait un pareil, sous les mêmes conditions.

On fait ensuite deux lots des conquêts qui restent à partager, et on les tire au sort.

Lorsque les parties ont partagé les biens de la communauté, sans avoir prélevé préalablement sur la masse les sommes dont chacune d'elles était créancière de la communauté, elles doivent s'en faire raison, après le partage, de la manière qui suit:

On fait compensation, jusqu'à dûe concurrence, des créances de chacun. La compensation opérée, la partie créancière de la plus forte somme doit encore faire confusion sur elle pour la moitié qu'elle a eue de la communauté, de la moitié de la somme restée après la compensation; et elle a droit de demander à l'autre partie le paiement de l'autre moitié, avec les intérêts du jour de la dissolution de la communauté.

Observons ici que la femme n'est obligée de compenser ses créances avec celles de son mari que jusqu'à concurrence de sa part en la communauté. Autrement elle paierait plus qu'elle ne doit.

Par la même raison, la femme n'est obligée de faire confusion, pour moitié de ce qui lui est dû par la communauté, que pour le montant de sa part dans la communauté; car cette confusion est un paiement qu'elle se fait à elle-même de sa créance pour cette moitié.

Il peut arriver que, par la liquidation, l'une des parties se trouve débitrice envers la communauté d'une certaine somme, déduction faite de ce qui lui est dû : alors elle en fait raison au partage ; ce qui se peut faire de deux manières : 1°. en ajoutant à la masse des biens de la communauté la créance qu'elle a contre moi débiteur, et en la précomptant sur la part qui doit me revenir; 2°. sans ajouter à la masse de la communauté la créance qu'elle a contre moi, en en laissant prélever avant partage , une somme pareille au montant de ma dette ; et nous partageons ensuite le restant de la masse.

Si chacune des parties est débitrice envers la communauté, *puta*, l'une de 6,000 fr , l'autre de 4,000 fr. , il leur est encore facile de s'en faire raison de deux manières : 1°. on peut ajouter à la masse des biens qui sont à partager , chacune des créances respectives, et les précompter à chacun sur sa part; 2°. il est tout aussi aisé de faire , jusqu'à dûe concurrence , compensation des sommes dont chacune des parties est débitrice , et de faire ensuite prélever sur la masse , par celle qui devait le moins, une somme pareille à celle dont était débitrice la partie qui devait le plus.

Lorsque le partage s'est fait sans que les parties se soient fait raison de leurs dettes respectives envers la communauté , la même opération n'a lieu que dans le cas où elles ont partagé sans se faire raison de leurs créances.

Comme après toute dissolution de copropriété ou de société , au lieu de partager les biens de la communauté, le survivant et les héritiers du prédécédé peuvent les liciter. Je n'ai à cet égard aucunes règles particulières à établir , j'observerai seulement que l'une des parties peut s'opposer à la licitation , et requérir le partage lorsque, dans les biens communs, il y a plusieurs héritages dont on peut faire deux lots, en chargeant le plus fort d'un retour envers le plus faible.

Des effets du partage.

Les effets du partage de la communauté entre époux sont absolument les mêmes que ceux de tout partage de biens possédés par indivis.

Le mari est censé avoir acquis pour le compte de lui seul, et pour le remplir de sa part dans la communauté, tous les conquêts échus en son lot, et en avoir été toujours seul propriétaire, sans en rien tenir de sa femme ni de ses héritiers, comme aussi n'avoir jamais eu aucune part aux biens tombés au lot de sa femme. Il faut dire la même chose de la femme ou de ses héritiers.

A l'égard des propres ameublis, lorsqu'ils tombent par le partage au lot de celui qui les a ameublis, celui-ci est censé en avoir été toujours propriétaire au même titre auquel il l'était, lorsqu'il les a apportés à la communauté. Mais s'ils échaient au lot de l'autre conjoint, ce dernier est réputé les avoir acquis dès le tems qu'ils ont été apportés à la communauté, et en avoir été seul propriétaire depuis cette époque.

§ X X X.

Comment le mari et la femme ou leurs héritiers sont-ils tenus des dettes de la communauté après la dissolution ?

Le mari et la femme, ou leurs héritiers, après la dissolution de la communauté, sont, entre eux, tenus de toutes les dettes de la communauté , de quelque côté qu'elles procèdent, chacun pour moitié. Sauf, néanmoins, que la femme ou ses héritiers n'en sont tenus que jusqu'à concurrence de ce qu'ils ont eu des biens de la communauté , de manière que si ce qu'ils ont touché ne suffit pas pour acquitter cette moitié des dettes , le mari ou ses héritiers sont obligés de faire face à l'excédent. Quelques légers détails vont éclaircir ces propositions.

Comment le mari ou ses héritiers sont-ils tenus des dettes de la communauté, après la dissolution ?

Il faut distinguer quatre espèces de dettes aux paiemens desquelles peut être obligé le mari.

Les premières sont celles qu'il a contractées avant son mariage, et qui depuis sont tombées dans la communauté. Point de doute qu'il n'en soit toujours débiteur pour le total envers ses créanciers , comme il était avant son mariage ; car la communauté de biens qu'il a depuis contractée avec sa femme est une chose étrangère aux créanciers , qui n'a pu diminuer aucunement leur droit.

Il en est de même des secondes, je veux parler des dettes des successions, qui lui sont échues avant ou depuis le mariage. Quoique ces dettes soient tombées dans la communauté, ainsi que tous les biens desdites successions , il n'en est pas moins obligé envers les créanciers pour le total de tout ce dont il s'est rendu débiteur envers eux, en acceptant la qualité d'héritiers. En effet, la communauté de biens, dans laquelle il a porté lesdites dettes et même les biens de ces successions, ne détruit et n'altère en rien sa qualité d'héritier et de successeur, *in universum jus defuncti*, qui est inséparable de sa personne.

Sur les troisièmes, c'est à dire sur celles que le mari a contractées pendant la communauté, on a long-tems discuté s'il demeurait débiteur pour le total après la dissolution de la communauté, ou s'il n'en était plus débiteur que pour moitié. Mais, enfin, la jurisprudence a décidé que les personnes qui contractent avec lui, considèrent en lui sa propre personne plus que sa qualité de commun. *Ejus solius fidem sequuntur*. Il est donc tenu pour le total, quand même il se serait obligé conjointement avec sa femme ; mais sans expression de solidité : par cette raison, que lorsqu'on fait intervenir une femme à l'obligation du mari, l'intention des parties est de procurer une plus grande sûreté au créancier plutôt que de partager et diminuer l'obligation du mari.

Les dernières sont celles que le mari n'a pas lui-même contractées, mais qui procèdent du chef de sa femme, telles sont celles qu'elle a contractées avant son mariage, et celles des successions qui lui sont échues durant la communauté, dans laquelle les biens et les dettes desdites successions sont tombés.

Comme le mari n'a pas lui-même contracté ces dettes, qu'il n'en a été débiteur que comme chef de la communauté, et qu'après la dissolution cette qualité se restreint à celle de commun par moitié, il ne doit être et n'est débiteur que pour moitié envers les créanciers, sauf que, si les biens de communauté, échus par le partage aux héritiers de la femme, n'étaient pas suffisans pour acquitter l'autre moitié, il serait encore tenu envers les créanciers de ce qui s'en manquerait.

Comment la femme ou ses héritiers sont-ils tenus des dettes de la communauté envers les créanciers ?

Après la dissolution de la communauté, soit qu'elle accepte, soit qu'elle renonce, la femme est débitrice pour le total, envers les créanciers, des dettes de la communauté qui procèdent de son chef, soit qu'elle les ait contractées avant ou depuis son mariage, soit qu'elles soient une charge des successions qui lui sont échues.

N'a-t-elle pas contracté seule, mais conjointement avec son mari, sans expression de solidité, elle est débitrice pour moitié. Lorsqu'elle s'est obligée en son propre nom, elle est tenue envers les créanciers, même en cas de renonciation. Rien ne peut la dispenser du paiement de son obligation, pas même la cassation postérieure de son mariage.

A l'égard de toutes les autres dettes de la communauté, que la femme n'a contractées qu'en sa qualité de commune, il est constant qu'elle n'en peut être tenue que pour moitié.

Du privilège qu'ont la femme ou ses héritiers de n'être tenus des dettes de la communauté que jusqu'à concurrence de ce qu'ils en ont amendé.

Veillant toujours aux intérêts de la femme, avec une prédilection particulière, la coutume lui a accordé deux privilèges : 1°. de pouvoir renoncer à la communauté pour se décharger des dettes ; (nous en avons parlé avec assez d'étendue.) 2°. de n'être tenue, même en cas d'acceptation, que jusqu'à concurrence de ce qui leur est parvenu des biens de la communauté.

Ce privilège consiste dans la faculté que la femme ou ses héritiers ont de se décharger des dettes de la communauté, en comptant de ce qu'ils en ont amendé, et en abandonnant tout ce qui leur en reste.

Néanmoins, cet abandon ne détruit pas dans la femme la qualité de commune : c'est pourquoi, malgré cet abandon, la femme ne peut pas exercer la reprise de son apport, qui ne lui a été accordé par son contrat de mariage qu'en cas de renonciation.

Elle exerce ce privilège tant contre les héritiers de son mari que contre les créanciers, mais avec cette différence essentielle : le privilège ne lui est accordé contre les créanciers qu'à l'égard des dettes de la communauté, que son mari a contractées seul. Quant à celles qui procèdent de son chef, soit qu'elle les ait contractées seule, soit qu'elle se soit obligée avec son mari, elle n'a plus de privilège.

Au contraire, vis-à-vis des héritiers du mari, elle peut le leur opposer indistinctement pour toutes les dettes de la communauté, dont elle est débitrice, à quelque titre que ce soit.

L'exercice de ce privilège est soumis à deux conditions :

La première est qu'il soit fait un inventaire après la dissolution de la communauté. Cet inventaire est absolument le même que celui qu'elle doit faire en cas de renonciation ; ainsi point de nouveaux détails.

La seconde est qu'il n'y ait faute ou fraude de la part de la femme ou de ses héritiers. Cette fraude est celle qu'ils commettent soit en détournant, soit en cachant, de quelque manière que ce soit, aux créanciers une partie de ce qu'ils ont amendé des biens de la communauté. C'est la même qui les fait décheoir du droit de renoncer à la communauté. Toute répétition serait encore redondante.

Du compte que la femme ou ses héritiers doivent aux créanciers de la communauté, pour jouir de ce privilège.

La femme qui veut jouir de ce privilège doit un compte des biens qui lui sont échus de la communauté aux créanciers qui la poursuivent pour le paiement de quelques dettes de la communauté.

Par ce compte, elle doit se charger en recette de tous les effets de la communauté qu'elle a eus par le partage, tant pour sa part qu'à titre de préciput.

Si ce sont des meubles, elle doit s'en charger suivant la prisée qui en a été faite par l'inventaire, et elle ne serait pas recevable à les abandonner en nature, après les avoir usés.

Lorsque ce sont des héritages, elle doit s'en charger suivant l'estimation qui en a été faite par le partage, si mieux elle n'aime les abandonner en nature, en tenant compte, néanmoins, des dégradations qui procéderaient de son fait.

Elle doit compte aussi des fruits qu'elle a perçus pour ce qui en reste après compensation faite, jusqu'à dûe concurrence desdits fruits, avec les intérêts des sommes qu'elle a payées, tant à des tiers qu'à elle-même, pour l'acquittement des dettes de la communauté.

Enfin, elle doit se charger en recette de la moitié de ce qui a été tiré, durant le mariage, des fonds de la communauté pour la dotation des enfans communs, lorsqu'elle les a dotés conjointement avec son mari.

Le chapitre de recette ainsi composé, voici comme on opère :

1°. On lui alloue ce qu'elle a payé pour sa part des frais d'inventaire et de partage ; car ce n'est que sous la déduction de ces charges qu'elle profite des biens de la communauté.

2º. On lui passe en déduction ce qu'elle a payé à d'autres créanciers de la communauté qui ont été plus vigilans à se faire payer que celui par qui elle est poursuivie.

3º. Lorsque la femme, créancière de la communauté, n'a pas prélevé, au partage des biens communs, la somme dont elle était créancière, déduction faite de ce qui lui était dû par la communauté, on doit lui allouer en déduction la moitié de cette créance, dont elle fait confusion sur elle.

4º. Enfin, on lui passe en dépense les frais du compte.

Balance faite du chapitre des recettes, de celui des choses que la femme a eues des biens de la communauté, et de celui des déductions qui doivent lui être faites, si la femme se trouve avoir autant ou plus payé, soit à des tiers, soit à elle-même, pour l'acquittement des charges de la communauté qu'elle n'en a amendé, et par-là n'avoir rien amendé effectivement, elle doit être renvoyée de la demande du créancier. Mais si, par cette balance, il reste quelque chose que la femme a effectivement amendé des biens de la communauté, elle doit être reçue à offrir d'en faire raison au créancier par qui elle est poursuivie, et être au surplus renvoyée de sa demande.

Tels sont les principes généraux de la communauté de biens entre époux , presque absolument conformes au projet de code civil. J'ai cru devoir les exposer avec quelques détails; cependant l'abondance des matières m'a fait négliger un assez grand nombre de questions importantes. Mais des élémens ne sont pas un traité *ex professo*. Au surplus, si l'on est avide de discussions étendues, on peut consulter Pothier, qui n'a pas craint de sacrifier à ce chapitre cinq cents pages *in-4°*.

ONZIÈME LEÇON.

DES DONATIONS ENTRE VIFS.

PARAGRAPHE PREMIER.

De la nature de ce contrat.

LA donation entre vifs est une convention par laquelle une personne , par libéralité , se dessaisit irrévocablement de quelque chose au profit d'une autre personne qui l'accepte.

Ce contrat est unilatéral , réel et de bienfaisance. On le classe aussi parmi les contrats du droit des gens, parce que rien ne semble plus naturel que de faire le bonheur de ses semblables. Mais les lois l'ont tellement modifié, et même limité dans sa substance, qu'il pourrait aussi bien être classé parmi les contrats du droit civil.

On distinguait autrefois deux espèces de donations : les directes et les fidéicommissaires ; mais les fidéicommis sont abolis par nos lois nouvelles. On ne connaît plus que les donations directes.

§ I I.

Des personnes qui peuvent donner entre vifs.

Ceux-là seuls peuvent donner entre vifs qui sont capables de consentir , libres de leurs personnes et de leurs biens, et sains d'entendement.

Ainsi ne peuvent point exercer cette faculté ,

1°. La femme sous puissance de mari , à moins qu'elle ne soit autorisée ;

2°. Le mineur , même avec l'autorisation de son tuteur. La raison en est sensible : le tuteur ne peut pas même aliéner les biens de son pupille hors les cas d'urgente nécessité , et sans se faire autoriser par un jugement. A plus forte raison, toute disposition à titre gratuit lui doit-elle être interdite.

Le mineur émancipé peut donner ses effets mobiliers; il en a la disposition libre et entière.

3°. Les interdits , ceux qui sont morts civilement, et généralement tous ceux qui sont dans les liens de la curatelle , sont frappés d'une incapacité absolue ;

4°. Un malade de la maladie dont il meurt par la suite. Mais son incapacité ne commence qu'à l'instant où sa maladie se déclare avoir un trait prochain à la mort. Ainsi, pour la nullité de la donation, deux conditions sont requises : 1°. qu'au moment où la donation est faite, la maladie fût déjà déclarée mortelle; 2°. que la maladie ait trait à une mort prochaine; car elle pourrait être mortelle de sa nature, et laisser espérer encore plusieurs années de vie. Dans ce dernier cas, la donation serait très-valable.

Sur quoi l'on demande si une donation entre vifs serait valablement faite par une personne à la veille de courir un grand danger; par exemple, de subir l'opération de la pierre. La majorité des jurisconsultes ne fait aucun doute sur la validité de cette donation. En effet, chance de si grand danger que ce puisse être n'est pas certitude de mort. Pour qu'une donation perde le caractère de donation entre vifs, il faut que le donateur ne puisse pas être présumé vouloir préférer le donataire à lui-même, et qu'on le suppose ne donner ses biens que parce qu'il n'a plus aucun espoir de les conserver. Or, celui qui se décide à subir l'opération de la pierre compte fortement sur sa guérison, il ne pense aucunement à la mort, il espère bien jouir de sa bienfaisance, et recueillir encore long-tems les témoignages de la reconnaissance de son donataire.

Au surplus, quelque âgé que l'on soit, fût-on centenaire, on n'est point incapable de donner; il suffit d'être sain d'entendement.

I I I.

Des personnes incapables de recevoir.

Les fous, les enfans, les communautés, les femmes en puissance de mari, ne peuvent recevoir une donation entre vifs, sans y être autorisés par leurs tuteurs, curateurs ou maris. A la différence du mineur même non émancipé, il peut accepter toute donation sans l'autorisation de son tuteur. *Pupillus sine tutoris auctoritate meliorem suam conditionem facere potest.*

Les tuteurs ne peuvent rien recevoir de leur mineur, même après la majorité, tant que le compte de tutelle n'est pas définitivement apuré et arrêté.

Ceux qui sont morts civilement, ceux qui vivent dans un concubinage notoire, sont frappés d'une incapacité absolue.

Quant aux bâtards, nos lois nouvelles qui les ont admis au partage des successions avec les enfans légitimes, sont loin de leur refuser la faculté d'accepter une donation de leur père et mère. La sainteté des mœurs publiques réclame l'abrogation, ou du moins une forte modification de ces lois. Voici celles que propose le projet de code civil :

« Les enfans adultérins ou incestueux ne peuvent « rien recevoir en propriété de père ni de leur « mère. »

« Ils ne peuvent même recevoir de leur père et mère, « en usufruit, et à titre de pension alimentaire, au-

« delà de ce que la loi leur accorde au *titre des succes-*
« *sions.* »

« Les enfans naturels, même légalement reconnus,
« ne peuvent recevoir de leur père et mère au-delà de
« ce que la loi leur défère *ab intestat.* » (Pour l'in-
telligence de ces articles, voyez le code civil, titre
des successions.)

§ I V.

De quelle portion de ses biens peut-on disposer?

Nos anciennes lois avaient laissé la plus grande lati-
tude à la faculté de donner entre vifs, supposant qu'on
ne se décide pas sans de puissans motifs à se dépouiller
vivant de sa fortune.

Par un excès contraire, la loi du 17 nivôse avait
presque rayé les donations entre vifs de la liste des
conventions civiles. Toute donation en ligne directe
était interdite ; quiconque avait des enfans ne pouvait
disposer que d'un dixième de ses biens ; celui qui, privé
de descendans, avait des héritiers collatéraux, n'avait
encore de disponible qu'un sixième de sa fortune.

La loi du 4 germinal an VIII a des dispositions tout
à fait différentes. En voici le texte sommaire :

« Toutes libéralités qui seront faites par actes entre
« vifs, dans les formes légales, seront valables lors-
« qu'elles n'excéderont pas le quart des biens du dis-
« posant s'il laisse à son décès, moins de quatre
« enfans ; le cinquième, s'il laisse quatre enfans ; le
« sixième, s'il en laisse cinq, et ainsi de suite, en
« comptant toujours, pour déterminer la portion dis-
« ponible, le nombre des enfans, plus un. »

« Sont compris dans l'article précédent , sous le
« nom d'enfans , les descendans en quelque degré que
« ce soit ; néanmoins , ils ne seront comptés que pour
« l'enfant qu'ils représentent dans la succession du
« disposant. »

« Vaudront pareillement les libéralités qui seront
« faites dans les formes légales , soit par actes entre
« vifs , soit par actes de dernière volonté , lors-
« qu'elles n'excéderont pas,

« La moitié des biens du disposant , s'il laisse soit
« des ascendans , soit des frères ou sœurs , soit des en-
« fans ou petits-enfans des frères ou des sœurs ;

« Les trois quarts , lorsqu'il laisse soit des oncles
« ou grands-oncles , tantes ou grand'tantes , soit des
« cousins-germains ou cousines-germaines , soit des
« enfans desdits cousins ou cousines. »

« A défaut de parens dans les degrés ci-dessus ex-
« primés , les dispositions à titre gratuit pourront
« épuiser la totalité des biens du disposant. »

« Les libéralités autorisées par la présente loi ,
« pourront être faites au profit des enfans ou autres
« successibles du disposant, sans qu'ils soient sujets
« à rapport. »

Le projet de code civil a encore modifié cette loi.
Voici comme il limite la faculté de donner entre vifs :

« Les donations entre vifs ne peuvent excéder le
« quart des biens du donateur, s'il laisse à son décès
« des enfans ou descendans ; la moitié, s'il laisse des as-
« cendans, ou des frères et sœurs ; les trois quarts, s'il

« laisse des neveux ou nièces , enfans au premier
« degré d'un frère ou d'une sœur. »

« A défaut de parens dans les degrés ci-dessus ex-
« primés, les donations peuvent épuiser la totalité des
« biens du donateur. »

« La donation en usufruit ne peut excéder la quo-
« tité dont on peut disposer en propriété ; en telle
« sorte que le don d'un usufruit ou d'une pension est
« réductible au quart ; à la moitié, ou aux trois quarts
« du revenu total , dans le cas ci-dessus exprimés. »

« La donation de la quotité disponible peut être
« faite en tout ou en partie, même en faveur des en-
« fans et autres successibles du donateur. »

« Cette donation n'est pas rapportable par le dona-
« taire venant à succession , pourvu qu'elle ait été
« faite expressément à titre de préciput et hors de
« part. »

§ V.

*Des choses qui sont de l'essence des donations entre
vifs.*

Cinq choses sont de l'essence des donations entre
vifs : 1°. la solemnité de l'acceptation ; 2°. la tradition ; 3°. l'irrévocabilité ; 4°. l'insinuation ; 5°. de
ne pouvoir être faites que par acte notarié.

§ V I.

De la solemnité de l'acceptation.

Il faut distinguer l'acceptation et la solemnité de l'acceptation.

L'acceptation n'est autre chose que le consentement donné par le donataire à la donation; lequel consentement, dans l'ordre naturel des choses, pourrait être manifesté par un simple acquiescement tacite, *puta* en recevant la tradition des biens donnés.

La solemnité de l'acceptation est l'expression qui doit être faite par l'acte de donation de l'acceptation du donataire.

Néanmoins, il n'est pas nécessaire que l'acte qui contient l'acceptation du donataire soit le même acte que celui de la donation. Bien que ces deux actes n'en fassent réellement qu'un, ils peuvent être faits par des écrits différens, et à tems éloignés l'un de l'autre. Mais, dans ce cas, la donation n'est valable que du jour de l'acceptation, car la donation, avant qu'elle soit acceptée, n'est encore qu'un projet qui ne saurait se réaliser qu'à l'instant du concours des volontés des deux parties.

Delà plusieurs conséquences :

1°. Le donateur peut avant l'acceptation changer de volonté, car il n'y a jusque là qu'un projet qui n'est pas effectué, dont il n'est encore ni aucun droit, ni forme, ni informe au profit du donataire.

2°. Les mineurs ne peuvent être restituables, même sous prétexte de l'insolvabilité de leurs tuteurs, contre le défaut d'acceptation d'une donation qui leur aurait été faite par quelqu'un qui serait mort depuis, ou aurait changé de volonté. En effet, n'ayant pu acquérir aucun droit que par l'acceptation qui n'est pas intervenue, il n'y a pas de droit que la restitution puisse leur rendre.

3°. La chose donnée ne passe au donataire qu'avec la charge des hypothèques que le donateur a contractées dans le tems intermédiaire de la donation et de l'acceptation, et avec toutes les autres charges qu'il y aurait imposées.

4°. L'acceptation ne se peut faire que du vivant du donateur et du donataire. La mort de l'un ou l'autre empêche le concours des deux volontés, qui doit exister au moment de l'acceptation, et sans lequel il n'y a pas de donation.

5°. Enfin, il ne suffit pas que le donataire ait été capable de recevoir lors de la donation, il faut qu'il le soit encore au moment de l'acceptation. Car c'est proprement dans ce tems que la donation se forme; c'est aussi à cette époque que le donataire doit en avoir la capacité.

Au surplus, l'acceptation ne peut être faite que par le donataire lui-même, ou son mandataire spécial, ou par quelqu'un ayant qualité légale de consentir pour lui, tel qu'un tuteur, curateur, administrateur, mari.

DOUZIÈME LEÇON.

Suite des donations entre vifs.

§ VIII.

De la tradition et de l'irrévocabilité.

« Donner et retenir ne vaut. C'est donner et re-
« tenir quand le donateur s'est réservé la puissance
« de disposer librement de la chose par lui donnée, ou
« qu'il demeure en possession jusqu'à son décès. »
(Coutume de Paris, articles CCLXXIII et CCXXIV.)

Deux conditions sont donc requises par ces articles
pour la validité des donations entre vifs : la tradition et
l'irrévocabilité.

De la tradition.

Celui qui donne entre vifs est réputé préférer le donataire à lui-même. Mais il doit manifester cette préférence en se dépouillant à l'instant même de la donation. Au surplus, toute tradition réelle, feinte, sym-
bolique, *brevis mânus, longæ mânus* est valable,
pourvu que le donateur soit effectivement dessaisi, et
ne conserve rien des choses qui sont l'objet de la donation.

Les choses incorporelles se livraient par la signification du transport faite par le donataire aux débiteurs
du donateur.

Cette quasi-tradition a lieu quelquefois , même pour
les choses corporelles ; par exemple , lorsque quelqu'un
donne un héritage dont il n'a pas la possession. Dans ce
cas , il ne peut y avoir lieu ni à la tradition réelle , ni
aux traditions feintes. En effet , le donateur , n'ayant
pas lui-même la possession de l'héritage , ne peut la
transférer. Mais la signification faite au possesseur de
l'héritage par le donataire de la donation qui lui en est
faite , avec assignation pour le délaisser , tient lieu
de la tradition du droit que le donateur avait de le re-
vendiquer , et rend valable la donation qu'il en a faite.

De l'irrévocabilité.

Le second caractère essentiel des donations entre
vifs, qui les distingue le plus des donations à cause de
mort , c'est l'irrévocabilité.

Ceci , cependant , ne doit pas s'entendre absolument
de toute irrévocabilité , mais seulement de celle relative au donateur , de celle qui consiste en ce qu'il ne
soit pas laissé en sa liberté de détruire , ni même al-
térer aucunement l'effet de la donation. Au reste , il
n'est pas contraire à la nature des donations entre vifs
qu'elles soient révocables , sous quelque condition ca-
suelle qui ne dépend pas de la volonté du donateur ; et

elles peuvent être valablement faites à la charge de quelques-unes de ces conditions.

Effets de la tradition et de l'irrévocabilité.

Du double principe de la tradition et de l'irrévocabilité dérivent quatre conséquences parfaitement identiques :

1°. On ne peut donner ses biens à venir ; cette donation pèche et par le défaut de tradition, puisque le donateur ne peut pas se dessaisir de ce qu'il n'a pas encore, et par le défaut d'irrévocabilité , car le donateur pouvant à son gré acquérir ou non des biens, il serait libre de donner ou de ne pas donner d'effet à la donation.

2°. On ne peut donner , sous une condition qui dépende de la volonté du donateur , même ses biens présens. Cette donation pèche par le défaut d'irrévocabilité le donateur étant le maître , en faisant manquer la condition , d'en anéantir l'effet.

3°. Je ne puis pas donner à la charge de payer les dettes que je contracterai par la suite ; il y aurait encore défaut d'irrévocabilité ; car , étant libre d'en contracter tant qu'il me plaira, je conserve la liberté de disposer des biens que j'ai donnés , et de détruire entièrement l'effet de ma donation en l'absorbant par mes dettes.

4°. Si la donation était faite à la charge de payer les dettes que le donateur contractera jusqu'à con-

currence néanmoins d'une certaine somme, la donation ne serait pas, à la vérité, entièrement nulle,
mais elle le sera jusqu'à la concurrence de cette
somme, quand même le donateur n'aurait pas usé de
cette liberté, et n'aurait contracté aucune dette ; car
le donateur ayant eu la liberté de diminuer l'effet
de cette donation jusqu'à concurrence de cette
somme, il s'ensuit qu'elle n'a pas été irrévocable, et
qu'elle est nulle jusqu'à cette concurrence.

§ I X.

De la nécessité de passer l'acte par-devant notaires, et
de l'insinuation.

Les lois ont exigé deux formalités fondamentales
pour la validité des donations entre vifs.

La première est qu'elles soient passées par acte notarié, et qu'il en reste minute chez le notaire. (Ordonnance de 1731, article premier.)

Le motif de cette loi a été d'empêcher les fraudes,
et qu'il ne fût pas permis au donateur et en son pouvoir
de faire des donations, qu'il soit le maître de révoquer
en retenant par-devers lui l'acte de donation, ou en
le remettant à quelqu'un de confiance qui aurait ordre
de ne le remettre au donataire qu'après la mort ou les
ordres du donateur.

La seconde formalité requise par l'ordonnance est
l'insinuation, c'est à dire la description qui est faite
de l'acte de donation dans un registre public. Toutes

les donations entre vifs quelles qu'elles soient, sont sujettes à l'insinuation.

Il n'importe par qui cette insinuation soit faite ; elle peut l'être par tout porteur de l'acte, quand il n'aurait aucun mandat.

Elle doit avoir lieu dans les quatre mois du jour de la donation ou de l'acceptation, si celle-ci a été faite postérieurement.

Au surplus, le défaut d'insinuation ne peut point être opposé par le donateur, mais seulement par ses héritiers, créanciers, acquéreurs à titre onéreux, donataires postérieurs, légataires, et tous ceux qui peuvent avoir intérêt à ce que la donation soit nulle.

§ X.

Des cas auxquels une donation entre vifs peut être révoquée.

La donation entre vifs ne peut être révoquée que pour cause d'ingratitude, et pour cause d'inexécution des conditions sous lesquelles elle a été faite.

De la cause d'ingratitude.

Les lois romaines rapportent cinq causes d'ingratitude, dont la cinquième n'est autre que la seconde cause de révocation que j'ai indiquée, et dont je parlerai plus bas. Je ne rapporterai donc que les quatre premières causes d'ingratitude.

La première est : *si injurias atroces effundat* ; si le donataire vomit d'atroces injures contre son bienfaiteur. Il suit de ce mot *atroces* que toutes injures proférées par le donataire contre le donateur ne donnent pas lieu à la révocation ; il n'y a que celles qui sont atroces. Pour qu'une injure soit atroce, il faut qu'elle tende à détruire la réputation du donateur dans les parties les plus essentielles, comme la probité, les mœurs.

La seconde cause est : *si mânus impias inferat ;* s'il porte des mains impies sur le donateur, comme s'il lui donne un soufflet, un coup de poing, des coups de bâton, à moins que ce ne fût en se défendant. Il en serait de même s'il avait fait frapper par un tiers. *Nam qui mandat ipse fecisse videtur.*

La troisième est : *si jacturæ molem ex insidiis suis ingerat ;* si le donataire cause la ruine de la fortune du donateur en tout ou plus grande partie, comme si, par les bruits qu'il l'avait semés, il a fait perdre le crédit du donateur qui était un marchand, ou s'il l'avait fait révoquer d'un emploi dont il subsistait.

La quatrième cause est : *si vitæ periculum aliquod ei intulerit ;* s'il avait osé attenter à ses jours.

Le projet de code civil ne reconnaît que deux causes d'ingratitude : 1°. Si le donataire attente à la vie du donateur ; 2°. s'il se rend coupable envers lui de sévices ou de délits.

Cette action doit être intentée dans l'année ; elle ne peut l'être que par le donateur, et jamais par ses héritiers, à moins que le donateur ne fût mort au milieu du procès. Les héritiers peuvent alors intenter la procédure ; ils pourraient même la commencer de leur chef si le donateur était mort des suites de l'attentat du donataire.

Lorsque, dans nos anciennes lois, les donations étaient révocables pour cause de survenance d'enfans, le donateur reprenait tous les biens objets de la donation, entre les mains de tout tiers détenteur, et libres de toutes charges, hypothèques et servitudes. La raison en était que la cause de la révocation était ancienne, nécessaire, inhérente au contrat, et non dépendante d'aucune circonstance nouvelle.

Il n'en est pas ainsi de la révocation pour cause d'ingratitude : elle n'a lieu qu'en vertu d'une cause nouvelle, et en punition de l'offense commise par le donataire. D'où il suit :

1°. Que les tiers détenteurs ont acquis un droit absolu, et non sujet à se résoudre par l'ingratitude du donataire, puisque cette cause n'est pas une cause nécessaire, ancienne et inhérente au contrat, et, par conséquent, n'est pas une cause qui affectât le droit qui leur a été transféré. D'ailleurs, il ne serait pas juste que le donataire pût préjudicier par son fait à ces détenteurs ; et comme la révocation pour cause d'ingratitude n'a lieu que pour punir le donataire, la peine ne doit tomber que sur lui.

2°. Que le donateur qui, pour cause d'ingratitude, rentre dans les choses données, n'y rentre qu'à la charge des droits de servitudes, hypothèques et autres charges réelles que le donataire y a imposées.

Au surplus, ce sont les choses données elles-mêmes qui peuvent être reprises par le donateur. Il ne peut point réclamer le prix de celles qui ont été aliénées, ni même celles qu'il a reçues en échange des objets de la donation. Mais s'il s'agit d'un fonds de boutique, après plusieurs années les mêmes objets n'existent plus ; mais le donateur reprend les objets qui se trouvent dans le fonds lors de la révocation, jusqu'à concurrence de la valeur des objets donnés, suivant l'estimation faite dans l'acte de donation.

De la cause d'inexécution des conditions sous lesquelles la donation a été faite.

Les lois romaines expriment ainsi cette cause de révocation : *Si quas dam conventiones sive in scriptis donationi impositas , sive sine scriptis habitas , quas donationis acceptor spopondit , minime implere voluerit.*

Ce qui est dit dans cette loi des conventions qui n'ont pas été rédigées par écrit, n'est pas reçu parmi nous, l'ordonnance de 1667 défendant la preuve testimoniale, outre le contenu d'un acte par écrit, le donateur alléguerait en vain que le donataire refuse d'exécuter les conventions qu'on supposerait n'avoir été faites que verbalement , et n'avoir pas été insérées dans l'acte de donation ; car le donateur en serait quitte pour les nier , et le donataire ne serait pas recevable à les-justifier.

Si les conventions sont par écrit , le refus du donataire de les exécuter opère la résolution de la donation ; mais un simple refus ne suffit pas : il faut que le donateur fasse assigner le donataire pour les accomplir , qu'ayant été condamné de le faire à peine de déchéance de la donation , il n'ait pas encore satisfait ; auquel cas le donateur conclut à ce que le donataire soit déchu de la donation , et en conséquence condamné à la restitution des choses données.

FIN DU CINQUIÈME CAHIER.

TABLE DES MATIÈRES.

FIN DE LA TABLE.

www.ingramcontent.com/pod-product-compliance
Ingram Content Group UK Ltd.
Pitfield, Milton Keynes, MK11 3LW, UK
UKHW021624170726
13836UKWH00005B/2038